KB264000

쥬얼리의 진실

쥬얼리의 진실

도서출판 신라보석

조동훈
동국대학교 철학과 졸업.
동대학원 미술사학과 수료.
현 광주 GIS다이아몬드감정학원장/신라보석학원강사.
신라보석학원 보석감정사 자격(GIS GG)
미국보석학회 보석감정사 자격(GIA GG)
한국보석감정사자격(AGK)

조민희
서울여대 국문학과 졸업
한양대학교 대학원 보석공학과 졸업
현 신라보석학원강사
신라보석학원 보석감정사 자격(GIS GG)
한국보석감정사자격(AGK)

쥬얼리의 진실
초판 발행 2009년 6월 20일

지은이/나이토 미키히로
옮긴이/조동훈, 조민희
펴낸이/조성일
펴낸곳/도서출판 신라보석

주소/서울시 강남구 대치동 624
전화/552-4515 팩스/556-5608
E-mail/shilla@shillajewelry.co.kr
URL/www.shillajewelry.co.kr
출판등록/1988년 5월 20일(제1-122호)

ISBN 89-962057-0-8
값은 뒤표지에 표시되어 있습니다. 잘못된 책은 바꾸어 드립니다.

머 리 말

　쥬얼리는 인류의 역사가 시작된 이래 권력의 상징, 혹은 주술이나 점을 보는 도구로 사용되어 왔습니다. 오랫동안 한정된 사람들에게 독점되어 온 쥬얼리이지만, 21세기가 된 지금은 일본에서 누구나 쥬얼리의 즐거움을 누릴 수 있게 되었습니다.

　세상에 요즘처럼 쥬얼리가 범람하는 시대도 없었겠지요.

　긴자銀座의 번화가에는 유명브랜드의 플래그쉽스토어1)가 진출해, 천만엔을 넘는 쥬얼리가 쇼윈도우에 늘어놓인 한편, 백화점이나 대형슈퍼, 심지어 디스카운트숍에서도 샌들을 신고 부담없이 쥬얼리를 살 수 있게 되었습니다. 종류도 다양하게 되어, 찾아낼 수 없는 것은 엄지손가락에 끼는 반지만이라고 할 정도입니다.
일본은 확실히 "쥬얼리 대국"에 동참을 했습니다. 전후 경이적인 경제발전이 일본을 "쥬얼리 대국"으로 밀어 올린 것입니다. 쥬얼리에 사용되는 금이나 다이아몬드의 수입량은 세계에서 세손가락 안에 들어갑니다.

---

1) 旗艦店:flagship store 역자 주. 브랜드가 자신만의 전용건물을 사용하여 자신의 브랜드의 개성이나 가치를 보여주는 숍

그러나, 일본의 쥬얼리문화가 구미제국을 따라 잡았는가 하면 유감스럽게도 그렇지 않습니다. 시장에 넘치고 있는 것은 공장에서 대량생산된 쥬얼리가 대부분이며, 착용하는 사람의 격을 높여줄만한 개성적인 쥬얼리를 몸에 지니고 있는 여성은 그다지 보이지 않습니다. 쥬얼리대국이 되었다고는 하지만 거대 시장이 되었을 뿐입니다.

많은 여성들이 이런 경험을 했을 것입니다. 매장에서 마음에 들어 샀지만, 냉정하게 다시 돌아보면 왜 이런 물건을 사 버렸는가 하고, 싫은 느낌만 남아버렸다. 흔히 말하는 충동구매입니다. 그런 후회의 원인이 될 물건은 서랍 안에 내버려 두다가 급기야 넣어둔 장소조차 잊어버리게 됩니다.

이런 이야기를 들으면, 30년 이상 귀금속점에 종사해 온 저로서는 슬픈 기분이 듭니다.

「사장死藏」이라는 말처럼, 장롱이나 보석상자안에 잠긴 채로, 햇빛을 보지 못하는 쥬얼리는 죽음과 다름없습니다. 오랫동안 지각속에 잠들어 있던 원석이 채굴되고, 인간의 손으로 연마해서 귀석貴石이 되어, 세공기술자에 의해 완성된 쥬얼리. 자연의 은혜와 인류의 뛰어난 지혜英知가 결합되서 태어난 쥬얼리가 소유자에게 잊혀져 다시 긴 잠자리에 들어버리면 아무 의미도 없습니다.

일본의 보석업계사정을 궁핍하게 한 첫 번째 원인은, 구매자측의 이해부족을 들 수 있겠지요. 그러나 판매자쪽에도 문제가 없었던 것은 아닙니다. 동업자로서 오히려 저는 판매자쪽이야말로 죄가 크다고 느끼고 있습니다.

80년대 이후, 쥬얼리는 대량생산, 대량소비의 시대가 되었습니다. 당연히 판매자쪽의 경쟁은 심해지고 그 결과 이중가격을 위한 가격조작, 길거리의 교묘한 전단광고, 유명 텔런트를 기용한 TV쇼핑 등, 소비자의 눈을 혼란시키는 방향으로 나아갔습니다. 지나친 가격파괴는 품질파괴를 불러 마침내 디스카운트점이나 양판점만이 아니라 백화점까지도 투박한 상품을 호객수단으로 쓰게 되어 버렸습니다.

이렇게 대량으로 유통되는 쥬얼리는 이미 쥬얼리가 아니라 잡화상품(팬시상품)이라고 밖에 표현할 수 없습니다.

장난감 같은 물건으로 몸을 장식하고 있는 부인이, 왜 이렇게 많은 것인지 눈을 가리고 싶은 상황입니다.

이 책에는, 오랫동안 귀금속점을 운영해 온 가운데 제가 보고 생각한 것을 가능한 한 숨기지 않고 적었습니다. 브랜드제품의 원가가 수백엔이라는 것이나, 많은 보석이 인공적으로 착색되고 있는 것, 또 통신판매의 기법 등을 알면 충격을 받는 분도 계실지 모릅니다.

또는 동업자중에는, 「필요 없는 말을 하지 말아라.」 하며 화를 낼 분도 계실지 모릅니다.

그러나, 제가 이 책을 쓴 것은 업계의 어두운 면을 폭로하고 싶어서가 아닙니다. 오히려 반대로 보석의 가치에 대해 올바르게 알려주고, 책을 읽는 이들이 이를 통해 다른 것으로는 얻을 수 없는 기쁨을 얻었으면 해서입니다.

전자제품이나 자동차는 구입해서 시간이 지날수록 가치가 내려가지만 쥬얼리는 시간의 흐름과 함께 가치가 늘어나고 착용하고 있는 사람을 빛내 주는 소중한 물건이 되어 갑니다.

조금이라도 여러분의 쥬얼리에 대한 이해가 깊어지는 것이 저자로서 바람입니다. 그리고 이 책이 당신만의 품격있는 쥬얼리를 만나기 위한 도화선이 될 수 있으면 합니다.

한국의 독자들에게

저자 나이토 미키히로

"쉽게 접근하기 어렵다."

이것이 보석이나 쥬얼리제품에 따라붙는 본질적인 특징이라 할 수 있습니다.

이 「어려움」은 밖에서 볼 때는 신비롭고 매력적이어서 애용하는 사람을 완전히 매료시키고, 착용하는 사람의 기분을 가늠하기 어려움 정도로 고양시킵니다.

반면 뒤에서는 이 접근하기 어려운 특징이 상품으로서 판매될 때, 가격조작의 주된 수단으로 빈번히 등장합니다. 또 주술적인 상품의 아이템, 피라미드 상술의 주역으로서 계속 팔려왔습니다. 즉 보석은 한편으로 호감을 주고 사회적으로도 개인적으로도 인정받으면서, 또 다른 한쪽에서는 의심스럽고, 이해하기 어려운 불쾌한 상품으로 보이기도 합니다.

쥬얼리업계에서 종사하는 사람도, 쥬얼리를 구입해 즐기는 사람도, 이 이해하기 어렵고 불쾌한 부분을 극복할 필요가 있습니다. 오랫동안 보석업계 내에서 쉬쉬하고 금기로 해 온 애매한 부분을 불식시키고, 보석이나 쥬얼리에 일상생활에서 쉽게 접근할 수 있는 물품으로서의 확고한 시민권을 주고 싶습니다.

시장에서 보는 보석의 대부분이 컷팅, 연마되어 있다는 것은 일반적으로 잘 알려져 있습니다. 이 보석에 그 후 어떤 인공 처리가 행해지고 있는지 명확하게 공개하는 것이 바람직합니다. 보석의 「아름다움」을 발휘하려고 인공처리를 실시하는 행위가 소비자에게 긍정적으로 받아들여지는 것이 중요합니다.

인공처리가 마치 사기 같은 뒷세계의 일이 아닌 당당한 일로서, 아름다워지기 위해 인류의 뛰어난 지혜를 구사한 일로서 평가받아야겠지요.

일본에서 출판된 뒤 보석업계 안에서부터 비판이나 중상이 많이 전해졌지만, 그 대부분은 자기 입장을 보호하려는 현상유지의 자세이었으며, 보석이나 쥬얼리에 대해 소비자가 잠재적으로 가지는 의심을 타파하는 논의와는 거리가 있는 것이었습니다. 사람들이 애용하는 생활용품으로서 보석이나 쥬얼리가 진정한 존재의의를 가질 수 있도록 논의해야겠지요.

이번에 조동훈씨에게 졸저지만 공감을 받음에 깊이 감사드립니다. 그리고 한국어로 번역하는 데 있어서의 노력에 진심으로 경의를 표합니다.

옮긴이의 말

　학원에서 학생들을 가르치다보면 항상 학생들에게 추천할 좋은 책을 찾게 됩니다.

　최근 쥬얼리에 관한 관심이 높아져 과거에 비해 관련서적도 상당히 다양해지고 있습니다. 그러나 여전히 보석감정, 쥬얼리디자인이나 세공에 관련된 전문서적은 있어도 쥬얼리에 관한 문화나 쥬얼리업 전반을 통찰하는 서적은 없는 것 같습니다.

　그러던 중 비록 우리나라는 아니지만 일본에서 이 책을 접하게 되었고 학생들이나 업계인 또는 소비자들에게도 한 책이라 생각하게 되어 직접 번역을 하게 되었습니다.

　사실 우리나라나 일본의 쥬얼리문화는 그 역사가 길지 않아 어느 정도 서구의 그것을 따라갑니다. 특히 우리나라는 어느 정도 경제적으로 소비기반이 형성된 이후인 80년대에 들어서야 비로서 사람들이 쥬얼리에 관심을 가지기 시작했습니다.

　이렇게 쥬얼리문화가 짧다보니 쥬얼리는 문화를 즐기는 수단이라기보다는 사치품정도로 여겨져 왔고, 일본보다 상대적으로 더디게 쥬얼리 문화가 형성되고 있습니다. 이 책은 우리나라와 유사하지만 먼저 쥬얼리문화가 정착되고 있는 일본의 쥬얼리문화에 대해 저자가 업계인으로서 느낀 점들에 대해 비평한 책입니다.

여전히 제품을 정가가 아니라 금 몇 돈, 다이아몬드 얼마, 공임 얼마식으로 계산하는 것을 당연하게 생각하는 우리나라 쥬얼리숍들의 현실과 이 책에서 언급되는 일본의 현실과 비교해보며 읽어보는 것도 흥미있는 일이 될 것입니다. 책을 번역함에 있어서 가능한 원저자의 의도를 살리려고 노력했으나 우리나라 독자에게 이해가 가지 않는 부분이나 전문용어는 가능한 알기 쉽게 풀어썼고 각주를 통해서 설명했습니다.

마지막으로 이책을 한국어판으로 번역하는 것을 승낙해주시고 한국의 독자들을 위한 서문을 써주신 저자 나이토 미키히로씨에게 감사드리며 우리나라의 독자들이 이 책을 통해 매력있는 주얼리의 세계에 한층 관심을 가져주시길 바랍니다.

목 차

제 1 장

브랜드제품의 원가

쥬얼리의 가치는 어떻게 매겨질까? 그리고 가격은 어떻게 결정될까?

많은 사람들이 이러한 의문을 가지고 있을 것이다. 만약에 어떤 다이아몬드 반지가 A가게에서는 10만엔인데 B가게에서는 20만엔이라면 쥬얼리 구입에 익숙하지 않은 소비자들은 이러한 가격차이에 혼란스러워하며 A, B 두 가게의 제품가격에 신뢰를 갖지 못할 것이다.

그뿐 아니라 신문 전단지의 「쥬얼리 할인 판매」라는 광고, TV홈쇼핑의 「고급 아고야진주를 현지에서 구입하여 도매가격으로 제공합니다.」라는 광고 또한 흔히 볼 수 있어 가격의 기준이 도대체 어디에 있는지 의아해 할 것이다.

쥬얼리 가격이란 기본적으로 원석가격, 연마비용, 쥬얼리 가공에 사용되는 귀금속의 가격과 디자인을 포함한 제품공임, 이것에 제조사나 도매업자, 소매업자의 이익이 더하여진다.

그러나 쥬얼리는 일괄적으로 제조되는 공업제품과는 다르다. 사용되는 보석 하나하나 같은 스톤은 존재하지 않고, 가공기술 수준도 업자마다 가지각색이다.

따라서 대충 이 정도라는 기준가는 있지만 쥬얼리의 판매가에 어느 정도 차이가 나는 것은 당연하다고 할 수 있다.

금덩어리라면 순도나 무게로 가격이 결정되지만 쥬얼리는 가격에 알맞은 가치가 있다고 생각하는 사람도 있고 너무 비싸다고 느끼는 사람도 있어 십인십색이 되어 버린다.

더 알기 쉬운 예를 들어 보자. 쥬얼리의 가치와 가격을 알 수 있는 적당한 사례라고 생각한다.

젊은 여성에게 몹시 인기 있는 티파니의 "오픈 하트"라는 펜던트는 비율, 크기, 무게 그리고 디자인의 흐름이 훌륭한 펜던트이다. "티파니의 오픈 하트를 능가하는 오픈 하트를 찾아내기 어렵다." 고 말해도 좋을 만한 펜던트다. 오랫동안 이 펜던트는 일본 여성들의 마음을 사로잡아 왔다.

티파니의 오픈 하트는 매장에서 사면 약 2만엔이다. 그렇다면 「원가」는 얼마일까. 어디까지나 원재료인 은덩어리銀地金를 돈으로 환산하면 불과 수십엔. 만약, 이 제품을 카피하여 만들 경우, 가공료를 포함해도 원가는 겨우 3백엔이다.

노골적인 말일지도 모르지만 은덩어리로 봤을 경우의 가격은 이정도이다. 오해의 소지가 있는데 「이런 이유로 티파니 오픈 하트를 사지 마라」고 하고 싶은 것이 아니다.

다른 업종에서도 원재료가 불과 수백엔인 상품은 얼마든지 있을 것이다. 그럼에도 불구하고 티파니제품이 크리스마스나 화이트 데이가 오면 날개 돋친 듯 팔리는 것은 티파니가 획득한 브랜드의 가치가 2만엔이라는 시장가격을 정착시키고 있기 때문이다. 같은 양의 은덩어리銀地金는 수십 엔에 살 수 있는데 사람들은 앞 다투어 티파니의 오픈 하트를 구입한다. 여기에 쥬얼리 가치의 본질이 나타나고 있다. 쥬얼리는 단지 가격이 아니라 구입하는 이가 느끼는 가치에 따라서 선택된다.

예를 들어 10만엔짜리 금반지를 구입했다고 하자. 구매자는 그 반지가 10만엔이라는 가격에 맞는 쥬얼리라고 판단하고 착용하려고 샀다. 그러나 다른 손님은 10만엔의 가치는 없다고 생각해서 진열장 앞을 그냥 지나가 버린다. 이렇듯 쥬얼리의 가격과 가치의 평가는 지극히 개인적인 것이며 누구나가 납득하고 인정하는 가격과 가치는 어디에도 없다고 생각해야 한다.

만약 이 반지가 어디에서나 적용될 수 있는 가치를 얻으려면, 반지를 부수어서 금덩어리로 만들 수밖에 없다. 금은 무게와 순도에 의한 시장가격을 기준으로 가격이 결정되기 때문이다.

그런데 티파니로 이야기를 되돌리면, 문제는 오픈 하트가 갖게 되는 추억의 흔적이다. 젊은 남녀가 만난 기념으로 구입한 오픈 하트가 평생 추억의 물건이 되어 구입했을 때의 가치와 가격이 언제까지나 유지되면 쥬얼리로서도, 그것을 받은 여성으로서도 그렇게 행복한 일은 없을 것이다. 그러나 소유자가 오픈 하트에 싫증이 나거나 선물해 준 상대와 관계가 나빠지면 지금까지의 가치는 사라지고, 다시 보고 싶지도 않은 잔해가 돼버릴지도 모른다. 그리고 오픈 하트를 전당포나 지금地金가게에서 처분하려고 해봤자 교통비도 나오지 않는다. 전당포에서는 「원가」가 판단의 기준이 되기 때문이다.

이것이 쥬얼리의 가격과 가치의 본질이라고 하면, 멋대가리 없을지도 모른다. 그렇지만, 세상에는 원가 3백엔으로 전락해버린 오픈 하트를 대여섯 개 장롱 안에 쌓아 두고 있는 젊은 여성이 꽤 있지는 않을까.

떨어지는 가치

이와 같이 쥬얼리에는 두 가지 가치측면이 있다. 순수하게 경제적인 가치와 개인의 추억과 같은 돈으로 환산할 수 없는 가치이다.

전당포에 쥬얼리를 맡길 경우, 생각보다 싼 가격에 실망하는 것도 이 때문이다.

매입가격의 기준은 보석의 크기와 광택, 금, 은 등 귀금속의 무게가 주된 평가대상이 된다.

보석은 품질에 따라 다소 격차가 있어도, 매입가격은 금방 산정될 수 있다. 금이나 은 같은 귀금속 가격도 무게와 순도로 정해진다.

평가가 나뉘는 부분은 디자인이나 가공비이다.
전당포에 물건을 맡긴 사람은 그 디자인과 가공 기술이 마음에 들어 구입했겠지만, 쥬얼리가 중고차처럼 모양을 바꾸지 않고 그대로 팔리는 경우는 거의 없다. 인수한 쥬얼리를 사용하여 다시 만들어 팔 수 밖에 없다.

매입처에서는 처음부터 가공기술이나 디자인의 가격은 평가하지 않기 때문에 가격을 낮게 책정하는 것이 당연하지만, 「이건 싸구려가 아닌데요!」라고 화를 내며 돌아가는 고객이 많은 것이 현실이다.

그러나 특별한 물건을 제외하고는 매입가격이 구입가격에 미치지 못하는 것은 어쩔 수 없다. 「쥬얼리는 항구적인 아름다움을 가지는 보석과 환금성이 높은 귀금속으로 되어있기 때문에 매입가격이 구입가격에 가까울 것이다.」라고 생각하는 것은 환상이다. 특별한 쥬얼리가 아닌 이상 되팔면 가격이 심하게 깎여 버린다.

쥬얼리를 투기대상으로 생각하는 것은 잘못된 생각이다. 쥬얼리 구입을 재산관리의 한 방법으로 생각하기 쉬운데 이는 절대로 재산보존수단이 될 수 없다. 「장래에 이것이 얼마에 팔릴까?」라는 계산이 아니라, 자신이 착용하기 위해 구입하는 자세가 중요하다.

가격이 아니라 가치를 보고 사라.

진열장에 놓여있는 쥬얼리는 소비자와의 만남을 기다리는 중립적인 상태이다. 신뢰가 가는 보석상이라면, A보석상에 5만엔 가격표가 붙어 있을 때, B보석상, C보석상에서도 5만엔을 크게 벗어나지 않는, 상식적인 가격으로 진열돼 있을 것이다. 이 시점에서 상품의 가치는 모두 같지만, 일단 소비자가 나타나면 가치는 달라진다.

예를 들어 5만엔짜리 루비반지를 샀다고 하자. 이 루비반지가 소비자의 손에 건너가면 5만엔의 상품이 소유자에게 가격이상의 귀중한 것이 되기도 하고 반대로 도저히 5만엔이라고 생각할 수 없는 진부한 것이 되어버리기도 한다. 진열장 안에서는 상식적인 가격표가 붙어 있던 것이, 한편에서는 멋진 쥬얼리라고 인정받고, 다른 한편에서는 잘못 사버렸다고 미움 받는다. 같은 5만엔짜리 루비반지라도 소유자가 어떻게 받아들이는지에 따라 가치가 바뀌어 버린다.

다시 강조하지만, 쥬얼리는 투기대상이 될 수 없다. 5만엔의 가치가 있는 것을 사고 싶다면, 5만엔어치 금덩어리를 사면된다. 시세에 의해 약간 오르내리기는 해도, 5만엔 전후로 팔 수 있다. 쥬얼리는 마음을 두근거리게 하는 아름다움으로 소유자를 매료시키기도 하지만, 마음에 들지 않으면 공짜라도 갖고 싶지 않은 귀찮은 존재에 지나지 않는다.

물론 가격표는 상품의 내용을 나타내는 하나의 기준이다. 그러나 상품 그 자체의 가치를 나타내는 것은 아니다. 어디까지나 당신에게 있어서 사적인 사용가치에 비추어 구입판단을 하라. 쥬얼리를 구입할 때 철칙은 "가격이 아니라 가치를 보고 사라" 이다. 그것도 자신의 가치관으로 라는 뜻이다.

당신은 어떤 타입인가.

소비자가 쥬얼리를 구입할 때의 동기는 대체로 다음 네 가지로 나눌 수 있다. 5만엔의 백금 에메랄드반지를 산다고 하자.

(A)타입
오랫동안 갖고 싶었던 백금 에메랄드반지 가격이 5만엔이다. 갖고 싶었던 것이니까 사자.
(B)타입
가지고 있는 예산 5만엔으로 살 수 있는 것은, 이 백금 에메랄드반지이다. 내가 살 수 있는 반지는 이것이니까 사자.
(C)타입
11만엔의 백금 에메랄드반지가 세일해서 5만엔으로 살 수 있다. 이것으로 사자.
(D)타입
예산이나 목적과 관계없이 눈에 띈 것이 이 5만엔 백금 에메랄드반지이다. 지금 갖고 싶으니 사자.

　언제나 같은 이유로 쥬얼리를 구입하지 않기 때문에, 당신은 때로는 A타입, 때로는 C타입일지도 모르지만 자신의 타입에 가깝다고 생각되는 쪽이 있지 않을까?

　타입별로 설명하면, 우선 A타입은 구입할 물건이 백금 에메랄드반지로 정해져 있다. 이것을 주된 구입동기로 제품을 선택하기 때문에, 이 사람에게는 물건의 내용이 문제고, 가격은 이차적인 요소이다.

　B타입은 예산이 정해져 있기 때문에 상품의 내용은 이차적이고, 예산 범위 내라면 에메랄드반지가 아닌 것을 구입할지도 모른다. 먼저 가격, 다음으로 상품을 보고 선택하는 타입이다.

　C는 가격, 상품의 좋고 나쁨보다, 우선 가격인하의 폭에 마음이 움직여버리는 타입이다. 11만엔 가격표가 5만3천엔으로 할인되어 있으면, 단순히 5만7천엔 이득이라고 계산해 버리기 쉽다. 그러나, 그러면 상품의 내용이나 가치 평가는 뒷전이 되어 판매자가 연출한 가격조작에 감쪽같이 속아 버린다. 만약 다른 가게에서 같은 물건이 정가 5만엔에 팔리는 것을 보면 그 억울함은 상상할 수 없고, 구입한 반지에 대한 애착도 단번에 사라질 것이다.

　D타입은 자주 있는 충동구매나, 우연히 마음에 든 상품을 구입하는 경우이다. 이 경우, 구입 후 좋은 물건을 손에 넣었다는 만족감을 느낄 수 있는 사람과, 더 신중하게 사야 했다고 후회하는 사람의 양극단으로 나누어진다.

　네 가지 타입 중에서 최악은 C타입인 것은 자명하다. 그러나, 이와 같이 환상의 이익, 연출된 가격에 현혹되는 소비자는 의외로 많다.

　「1만엔균일가」, 「반값할인」, 「땡처리」 「현지직구매」, 「초특가」 등의 달콤한 선전문구가 시중에 범람하고 있고, 알고 보면 갖고 싶지도 않은 것을 사버린 경험은 없는가?

　상품의 가치를 판별하지 않고, 상품의 가격에 마음이 사로잡혀 버리면, 나중까지 가격에 불신을 가지게 된다. 이런 사람은 언제까지나 쥬얼리의 진정한 가치를 이해 못하고, '구입한 가격이 그 가치다'라는 선입견으로부터 벗어날 수 없다. 「이 다이아몬드반지는 20만엔이나 했는데, 그 진주목걸이는

10만엔이나 했는데……」라고 계속 후회하는 것으로 끝난다.

　현명한 구매자가 되려면 구입시점에서 구입가격을 잊어 버려야 한다. 쥬얼리로서의 가치를 인정해 구입한 이상, 비쌌다든가 쌌다든가 가격에 대한 잔소리를 하지 말아야 한다. 쥬얼리의 가치가 자유롭게 활동을 시작해 그 가치가 파워로 바뀌어 착용하는 사람에게 힘을 주도록 하려면, 가격에 얽매여 버려서는 안 된다.

값을 매기지 않는다.

　30년 이상 쥬얼리숍을 하고 있으면, 종종 자신의 보석이 얼마의 가치가 있는지 값을 매겨 달라는 고객을 볼 수 있다. 경제적으로 힘들어서 쥬얼리를 팔려는 사람, 부모로부터 상속받아 시장가격을 알고 싶은 사람, 아는 사람에게 선물 받았는데 가격을 모르면 답례할 방법이 없다든 사람 등 이유는 여러 가지일 것이다.

　가격감정을 의뢰하는 고객에 대해 내 가게에서는 모두 거절하고 있다. 왜 가격을 안 가르쳐 주냐며 강하게 항의하는 분도 있지만, "손님께서 애용하는 것이나 중요한 소지품에 값을 매기는 행위는, 남의 부인이나 따님을 평가하는 것과 같아 사양하고 있습니다."라며 거절한다.

　왜 보석의 값을 매기지 않는 것을 가게의 정책으로 하고 있을까? 사실 보석의 값을 매기는 것은 간단한 일이다. 오랫동안 업계에 있으면, 상품의 가치평가정도는 할 수 있다. '이 정도 소재가 사용되면 구입 시 이 정도 가격이 매겨져 있었을 것이다.' 이정도 계산은 그리 어렵지 않다. 단지 실제로 고객의 소지품을 평가해서 환영받아 본 적이 없기 때문이다.

　소유자의 기대보다 싸게 추측하면 대충 평가를 한다고 생각하고, 높게 추측하면 당신의 가게는 다른 곳보다 비싸게 팔고 있다고 의심하여 버린다.

더욱 더 힘든 것은 쥬얼리에 대한 애착이다.

대부분의 견적가는 고객이 생각했던 액수보다 낮아지기 때문에 상품에 대한 고객의 애착을 손상시키게 된다. 그래서 값을 매기지 않기로 하고 있다.

그래도 가격을 알고 싶다면 전당포를 몇 군데 돌면 대충 알 수 있다. 그러나 그 결과는, 막상 쥬얼리를 팔려고 생각했던 금액은 나오지 않는다는 것을 알 뿐이다.

가격감정이상으로 심각한 문제가 되는 것은 진위판단이다. 내 가게는 중고품을 매입하지 않지만 수리나 리폼을 위해 고객의 쥬얼리를 맡는다. 이때 진위를 확인 할 필요가 생긴다. 수리를 위해 맡고 있는 동안 진짜를 가짜로 바꿔치기 했다고 항의 받을 것을 염려해서이다.

그러나, 진위에 대해서 소유자는 극히 신경이 예민해진다. 진위를 판정해야 한다고 말만해도 「가짜라는 거야!」 라고 흥분하는 사람도 있었다.

진위여부는 그것을 애지중지하게 가지고 있던 사람에게 있어서 민감한 문제이다. 특히 선대에게 물려받은 쥬얼리나 유산으로 받은 것 등, 남에게 받은 물건에는 특별한 의미가 있어 조심해야 한다. 몰랐다면 그대로 애용했을 테지만 가짜라는 것을 알게 되면 애착을 잃어버리기도 한다. 그러나 비록 다이아몬드가 가짜라고 해도, 거기에 인생의 추억이 새겨져 있어 소유자에게 힘을 주는 것이라면 애착이 사라지지 않을 것이다. 다시 말하지만, 쥬얼리의 가치는 소유자의 사용가치이기 때문이다.

어디까지나 쥬얼리의 가치는 사용가치이며, 시장에서의 교환 가치를 묻지 않으면 소유자에게 있어서는 계속해서 둘도 없는 쥬얼리가 된다. 매장에서 "유감스럽지만 가짜입니다."라고 말씀드려도 할머니께 받은 중요한 것이니까 리폼해 달라고 하는 손님도 있었다. 가짜라도 사랑받는 쥬얼리와 진짜라도 서랍에 잠든 채 있는 쥬얼리와 둘 중 어느 쪽이 행복할까?

가치는 자신이 만든다.

　일단 손에 넣은 쥬얼리의 진정한 가치는 시장의 교환가치가 아니라 자신이 소유해 사용하는 가치이다. 이 사용가치가 시간이 쌓일수록 높아지는 것이 쥬얼리 가치의 본질이다. 매장에서 소비자와 만나, 그 사람의 인생의 여러 순간을 함께 한 쥬얼리는 그 안에 소유자의 삶의 기쁨이 새겨져, 더욱 빛나게 된다. 이런 사용가치가 생기고 그것이 한층 더 높아지면, 이미 시장에서의 교환가치와 비교도 안 되는 진정한 가치가 생겨난다.

　사용가치의 끊임없는 증폭. 이것이 쥬얼리를 소유하는 묘미이다. 교환가치 따위는 신경쓰지 않고 애용하는 쥬얼리를 가지고 있다면 얼마나 인생을 원숙하고 풍부하게 할까? 이런 멋진 체험을 독자들이 했으면 한다.

하나다마花珠[1]의 신봉

　가치는 스스로 만드는 것, 그렇게 말해도 납득하지 않는 분도 있을 것이다.
「그래도, 모두가 좋다는 것이 좋아요! 그게 아니면 창피하잖아요!」
이렇게 말할지도 모른다. 그러나, 실제로는 그 「모두가 좋다」 라는 가치관은 시대에 따라서 바뀌는 것이다.

　예를 들어 진주라고 하면 진원구체具體眞円이며 핑크 화이트에 빛나는 "하나다마花珠"가 최고급품으로 여겨져 왔다. 원형진주양식에 성공한 일본뿐만 아니라, 국제적인 평가에서도 하나다마花珠가 최고급품으로 여겨지고 있다.

　마치 숭배받는 하나다마花珠신앙이라는 느낌이지만, 시대는 조금씩 변하고 있다. 가치관이 다양해지는 가운데, 다양한 모양[2]의 진주나 노란진주의

---

1) 花珠 : 최상급의 흠이 없는 원형 아고야진주. 역자 주

인기가 늘어나고 있다.

모두가 착용하는 하나다마花珠에 만족하지 않고, 다양한 모양의 진주를 브로치나 목걸이로 만들면 의외로 옷에 어울리고, 개성적인 멋을 즐길 수 있다.

또한 연한 레몬칼라나 녹갈색에 가까운 황색진주, 또는 염색하지 않은 연한청색 진주는 여성의 풍부한 캐릭터를 연출해 준다. 이런 진주는 수십 년 전까지 핑크화이트 진주보다 훨씬 떨어지는 상품으로 간주했었다. 하나다마花珠신앙아래 의붓자식 취급을 받아 온 것이다.

여성이 패션에 민감해지고, 개성을 중요시 하게 되면서 하나다마花珠"세뇌"가 조금씩 풀어져 온 것은 아닐까. 독특한 형상의 진주이기 때문에 더욱 임팩트를 주어 의상과의 칼라 코디를 잘하면 천연칼라진주 쪽이 더욱 빛나기도 한다.

오랫동안 미키모토진주의 가치기준에 붙잡혀 있었지만, 이제는 미키모토 신화로부터 벗어나 모든 진주의 평가를 재검토해야 한다고 생각한다. 모두가 인정하는 가치보나 자신이 납득할 수 있는 가치가 중요하게 되고 있다.

원형진주보다 조금 타원인 반원형이나 세미바로크라고 불리는 진주를 자세히 보면, 비뚤어지거나 튀어나온 부분의 윤과 광택이 특히 강한 것을 알 수 있다.

완전한 구형이 아닌 것, 비대칭적인 아름다움을 자아낸다. 또, 천연 진주라고 불리는 무핵진주는 모두 구형이 아니며 같은 형태의 것은 하나도 없고, 반들반들 윤이 나고, 광택은 부드럽다. 같은 형태, 같은 색으로 물들인 하나다마花珠와는 비교도 못할 만큼, 그 아름다운 빛은 착용하는 이에게 어우러진다.

확실히 미키모토 진주의 아름다움은 세계적으로 인정받고 있지만, 그것을 절대시하는 것은 일종의 세뇌로 밖에 보이지 않는다.

---

2) 變形眞珠 : 바로크진주. 역자 주

다이아몬드에 대한 객관적 평가도 시대와 함께 변한다. 다이아몬드의 「4C」는 품질평가기준으로 여겨진 4C, 즉 캐럿carat(무게), 클래러티clarity (투명도), 칼라color(색), 컷cut(형상)의 4항목으로 품질을 감정하는 것이다. 무게는 전자저울, 투명도는 특수현미경으로 측정하고, 색등급은 마스터스톤 과 비교해서 결정되고, 컷은 반사각도가 가장 이상적인 비율에 비추어 등급 을 매긴다.

이런 기준을 기초로 무게가 1캐럿인 스톤에서, 투명도는 육안으로 불순물 을 찾아낼 수 없는 VVS1등급, 칼라는 완전한 무색을 나타내는 D칼라, 컷그 레이드는 이상적인 엑설런트 컷이라면 가격은 얼마정도라고 정해진다.

다이아몬드유통업자들은 오랜 세월의 관례로 4C품질기준을 존중해왔기 때 문에 다이아몬드가격이 비교적 안정되어 있고, 4C를 기초로 해서 감정서가 만들어져 있기 때문에 평가에 큰 격차가 없는 것이다.

그러나, 4C가 정말 확고부동한 객관적인 기준이라 할 수 있을까? 얼핏 보 면 과학적 방법으로 보이지만 감정기기를 조작하는 것도, 데이터를 판단하 는 것도 인간이며, 감정사의 주관을 완전히 배제할 수는 없다. 게다가 특수 현미경으로 투명도를 판단할 경우, 불순물이나 결정은 찾아낼 수 있어도 스 톤의 윤을 판단할 수는 없다. 현재, 윤이나 광택의 강약을 판별할 수 있는 감정 기준은 없다.

기기에 의한 감정에서 색은 무색, 투명도도 우수하다는 결과가 나온 스톤 이라고 해도, 윤이 없는 스톤은 빛에 박력이 없다.

생생한 생명력을 느끼게 하는 스톤에는 강한 광택이 있다.

윤이나 광택이라는 실로 아름다움에 영향을 미치는 요소를 "기준이 없다" 라는 이유로 무시하는 감정이 과연 과학적, 객관적이라고 할 수 있을까? 4C 의 기준은 국제적으로 인지된 등급표시이긴 하지만, 어디까지나 다이아몬드 가치기준의 하나이며, 절대적인 가치기준은 아니라는 것을 기억해 두는 것이 좋을 것이다.

　다이아몬드 업계나 소매점이 4C를 유일한 가치기준처럼 선전해온 결과, 소비자에게 편협한 가치관을 심어 버렸다. 다이아몬드는 무색투명하고 투명도가 높으면 높을수록 좋다고.

　이것은 터무니없는 편견이다. 핑크, 블루, 그린, 옐로우에 샴페인칼라 등의 칼라 다이아몬드라고 해도 무색보다 가치가 낮다고 말할 수 없다. 색은 어디까지나 개인 취향이며, 무색투명한 스톤이 칼라 다이아몬드보다 빛이 강한 것은 아니다.

　내 경험에서 보면 유색 다이아몬드의 빛에는 무게감이 있는 것 같다고 생각된다. 다이아몬드를 살 경우, 무색투명한 것은 하나의 기준에 지나지 않고, 당신을 매료시키는 색과 광택을 가지고 있고, 빛이 강한 것을 선택하는 것이 중요하다. 그러나 꽤 인공적인 「성형」을 하는 것도 많기 때문에, 그 부분은 주의해야 한다. 이것에 대해서는 다음 장에서 자세하게 설명하겠다.

　하나다마花珠세뇌도 무색투명신화도 파는 측의 현혹에서 빠져 니갈 시기에 와 있다. 무분별한 신봉에서 벗어나 솔직한 눈으로 찾아보면, 당신을 한층 돋보이게 하는 다양한 모양의 진주나 칼라 다이아몬드를 발견할 수 있을 것이다.

제 **2** 장

보석의 9할은 「성형미인」

성형 투성이의 보석

「신체발부수지부모身體髮膚受之父母」라는 말이 있다. 젊은 사람들이야 잘 모르겠지만, 예부터 부모에게 받은 몸을 손상시켜선 안 된다고 가르쳐왔다. 그래서 과거에는 성형수술을 하거나 몸에 문신을 새길 때 부모에게 의절당하는 것도 각오해야만 했었다.

그러나 시대가 바뀌면서 인식도 바뀌었다. 여성주간지를 보면 성형수술광고가 대부분이고 거리에는 성형외과 간판이 넘쳐나고 있다. 성형수술은 고교생이나 중학생에게까지 퍼져, 마침내 남자들마저 성형외과의 문을 두드리는 시대가 되었다.

「어떻게든 아름다워지고 싶다.」라는 여성의 소망은 끝이 없을 것이다. 이러한 여성을 한층 더 빛나게 하는 보석. 그 보석의 9할 이상, 아니 거의 모두가 「성형미인」이라면 놀라지 않을까?

사실 영원한 빛을 발하는 다이아몬드도 요염한 피젼블러드pijeon blood[3]의 루비도 성형미인이다.

인류의 뛰어난 지혜[4]

조금 자극적인 표현을 썼지만, 자세히 설명하면 이해 될 것이다. 예를 들어, 다이아몬드는 탄소로만 이루어졌다. 지각에서 갓 산출된 다이아몬드 원석은 처음부터 특별한 빛을 발하지는 않는다. 인간의 손으로 컷팅되고 연마되어 처음으로, 땅속에 있던 「광물」이 「보석」으로 변신한다.

---

3) pigeon blood : 비둘기 핏빛색이라는 최상급의 루비의 칼라를 지칭. 역자 주
4) 英知

다이아몬드가 최고의 빛을 내도록 커팅이나 연마를 통해 "성형"하는 것은 인류의 뛰어난 지혜라고 할 수 있다. 자연의 은혜와 인간의 지혜가 결합되어 보석은 만들어진다.

즉 우리가 쥬얼리숍이나 백화점에서 보는 보석은 정확히 말하면 이미 보석세공사에 의해 커팅, 연마된 「성형미인」이다. 보석류는 물론, 카메오cameo[5]나 인테리오interio[6]조각된 조개, 양식진주류, 구체나 다각체로 컷팅된 산호나 호박 등은 모두 사람의 손이 가해진 것이다.

가공 기술은 나날이 발전하여 수작업에서부터 컴퓨터제어 전동기계, 최근에는 레이저에 의한 고도의 가공도 할 수 있게 되었다. 수작업이 좋은지 기계가공이 좋은지는 평가가 나뉘는 부분이다. 수작업에는 만드는 이의 인간적 맛이 자아내지는 한편, 기계 연마, 기계조각 쪽이 더 깔끔하게 완성될 경우도 있고 대량생산도 가능하다. 어쨌든, 인류의 뛰어난 지혜에 의한 「미용성형」은 누구나 허용하는 부분이므로 이미 시민권을 얻고 있다고 해도 과언이 아니다.

가짜시비

「뭐야? 놀라게 하지마! 그런 「성형」이라면 아무 문제도 없잖아?」이런 소리가 들리는 듯하다. 그러나 보석을 아름답게 보이려고 하는 시도는 유감스럽지만 순수한 동기만으로 진행되어 온 것이 아니다. 보석이 사람들의 선망의 대상이 되면 될수록 가짜로 한밑천 잡으려는 사람이 나오게 마련이다. 가짜를 만드는 이야기가 동서고금에 넘치고 있는 것도 이 때문이다.

어떤 의미로는 가짜 만들기도 인간의 지혜라고 할 수 있을지 모른다. 가

---

5) cameo : 양각부조. 역자 주
6) interio : 음각부조. 역자 주

짜를 가짜라고 분명히 밝혀 판매하면 범죄가 아니다. 이를 「모조보석」, 「인공보석」, 「합성보석」이라고 표시하든지, 소재를 플라스틱, 유리 등으로 명기하면 문제는 생기지 않는다. 그것을 감안하고 산다면, 가짜도 액세서리로서 사회적 인정을 받은 것과 같다.

문제는 「가짜」라는 것을 속이는 것이다. 과거에 「다이야모니아」나 「필라이크」, 「쉘파르」 등 혼동하기 쉬운 이름을 붙여 인공보석을 팔던 적이 있었다. 천연보석과 인공보석[7]은 완전히 별개의 것인데 진짜와 비슷한 이름을 붙여 판매하는 것은 거의 사기행위와 다름없다.

최근에는 이 정도로 노골적인 것은 없어졌지만 이러한 행위는 업계 전체가 불신 받는 원인이 될 수 있다.

다이아몬드의 염색

그래도 이런 상품들은 이름을 잘 보면 초보자라도 '성형미인'인 것을 알 수 있다. 보다 알기 힘든 것은 천연보석을 화학 처리하여 색이나 빛을 좋게 하여 가격을 더 높이려는 기술이다. 이것은 원석을 연마, 컷팅하는 것과 달리 의도적인 처리라고 할 수 있다. 그 중에서도 가장 일반적으로 행해지는 것이 「염색」 처리이다.

이렇게 말하면 여러분은 놀랄지 모르지만 시장에 나돌고 있는 보석의 대부분은 염색 처리되고 있다. 다이아몬드나 진주도 예외가 아니다.

색처리 성형을 가한 보석을 소비자가 인정하고 구입했다면, 허용 범위내의 「성형」이라고 할 수 있다. 그러나 많은 경우, 색처리는 시장에 나돌기 전의 단계에서 보석유통업자나 제조업자에 의해 비밀리에 행해지고, 소비자

---

7)사람이 실험실에서 만든 물질, 인공보석(artificial stone). 역자 주

에게는 전혀 알려져 있지 않다. 기업비밀이라는 이름아래 소비자뿐만 아니라, 소매점이나 도매업자에게조차 정보가 공개되어 있지 않다. 진주나 칼라스톤에 화학적으로 염색이나 색처리를 하는 것이 업계에서는 묵인되어지는 듯하다.

그러나 "이것은 염색진주입니다." "이것은 방사선 처리가 된 다이아몬드입니다."라고 들으면, 고객은 주저할 것이다. 「보석은 천연의 돌이므로 화학 처리된 돌은 보석이 아니다.」 라는 것이 일반적인 반응이다. 그래서 색처리 유무에 대해 업계 전체가 입을 닫아 소비자가 접하지 않게 해 온 것이다. 보석업계에서는 "상식"이 되어 있는 인공착색이, 소비자에게는 "상식이 아닌" 것이 문제이다.

적당한 사례일지 모르겠지만, 미인이라는 이유로 결혼했는데, 부인이 성형 미인이라는 것을 알고 이혼하는 것과 같다고 할 수 있을까? 나는 성형 그 자체를 부정적으로 생각하는 것은 아니다. 그러나 그걸 모르고 결혼했다가 나중에 알게 되면 뭔가 배신당한 기분이 들 것이다. 결혼 진 성형사실을 알고 있으면 이해하며 결혼하든지, 결혼 자체를 거절할 수도 있다.

인간과 달리 보석의 경우, 대부분이 색처리 성형을 받고 있다고 인식하는 것이 좋다. 진주나 칼라스톤의 경우 "반 이상은 착색처리가 이루어지고 있다." 라고 말해도 과언이 아니다.

감별서를 봐도 모른다

「그리 말하지만 내 것은 괜찮아. 제대로 된 감별서가 있어.」 쥬얼리를 구입할 때 소비자가 의지하는 것은 감별서나 감정서이다. 감별서가 있으니 자기 것은 색처리되어 있지 않을 거라고 생각하고 싶겠지만 천연석인지 아닌지는 감별서로 알 수 있지만, 색처리 여부는 감별서를 봐도 모르는 경우가 많다.

물론, 제대로 된 감별기관에 색처리여부의 조사를 의뢰하면, 「내추럴」, 「인핸스먼트」, 「트리트먼트」 등의 판정을 받을 수 있다. 내추럴은 천연색, 인핸스먼트는 본래의 색을 이끌어내기 위한 처리, 트리트먼트는 인공적으로, 외부로부터 더해진 착색처리라는 의미이다. 이러한 색처리에 대해서는, 구입자로부터 부탁받지 않는 한 일부러 감별하지 않는다. 오히려 감별기관 스스로 색에 관한 정보를 명확하게 하고 싶어 하지 않는 경향이 있다. 감별기관은 쥬얼리업자에게 일을 받고 있기 때문에, 아무래도 업계에 이익을 고려하기 쉽다.

소재는 천연보석이지만 색을 잘 드러내기 위해 손이 더해진 것을 진짜로 볼지 가짜로 볼지, 논의가 나뉘는 부분이다. 인공색보다 천연색이 더 좋은 것이 당연하지만 탁한 천연보석에 처리를 했을 때 훨씬 아름다워지는 경우도 많이 있다.

천연석을 고집할지 인공색을 허용할지는 소비자의 판단에 맡길 수 있지만 색처리보석이라고 분명히 명기하지 않는 것은 사기적인 행위라고 비난당해도 어쩔 수 없다.

감별 기관은 업자 쪽만 보고 일하는 것이 아니라 중립적인 입장에서 감별을 실시해, 올바른 정보를 공개한다는 원칙을 만들어야 한다고 생각한다. 쥬얼리업계는 의심스럽다는 인상을 받지 않도록 시급히 색처리 유무를 감별서에 명기하도록 의무화해야 할 것이다.

이렇게 말해도, 당분간 현상은 변하지 않을 것이니 업자의 이런 행위를 간파할 수 있도록 주된 보석의 색처리방법에 대해 설명하겠다.

우선 보석의 여왕, 다이아몬드에서도 색처리는 이루어지고 있다. 아니, 인기가 있는 다이아몬드이기 때문에 더욱 색처리를 하여, 높은 가격으로 팔고 싶다는 것이 판매자 측의 본심이다.

다이아몬드감정에서는 무색투명한 것을 최고급으로 해서 황색기가 증가할 때 마다 알파벳등급을 붙여 구별하고 있다. 다이아몬드의 머리글자 D를 무색투명으로 해서 황색기정도에 의해서 E, F, G···로 황색이 늘어나서 K나 L까지 오면 거의 황색에 가깝게 된다. 희소성으로 보면 당연히 D등급이 최고품질이 되지만 전문가라도 등급결정은 매우 어렵고, 솔직히 말해 D등급과 E등급을 확실히 구별 지을 자신이 나에게는 없다

다이아몬드감정을 한층 더 어렵게 하는 것은 무색투명을 최고로 하는 기준으로부터 빗나간 다이아몬드, 이른바 칼라 다이아몬드가 존재한다는 것이다. 핑크나 블루의 칼라다이아몬드는 매우 고기이며, 이것을 전문으로 취급하는 보석상이 아니면 볼 수 없다. 그리고 더 복잡한 것은 방금 전 황색미를 띤 다이아몬드는 등급이 낮다고 설명했지만, 황색다이아몬드중에서 특히 광택이 뛰어난 다이아몬드는 '팬시 옐로우'로서 진귀하다는 것이다. 같은 황색이라도 한쪽은 염가의 다이아몬드이며, 다른 한쪽의 팬시옐로우는 다이아몬드 중의 다이아몬드라고 할 수 있는 최고급품이다.

이야기는 빗나가지만, 나는 세상에서 옐로우다이아몬드를 가장 아름다운 쥬얼리로 완성하는 곳은, 런던에 본점이 있는 「그래프graff」 라고 생각한다. 오너인 로렌스·그래프는 칼라다이아몬드가 발하는 아름다움에 사로잡힌 사람 중 한명이며, 그가 낳은 작품은 잘 다듬어진 예술의 영역에 이르고 있다. 뉴욕·매디슨가에서 「그래프」 의 윈도우에 장식되어 있는 옐로우다이아몬드 반지나 목걸이를 볼 때마다, 시공을 넘는 아름다움에 빠져 넋을 잃곤 했다.

'다이아몬드가 이렇게까지 사람을 매료시키는구나!'라고 재인식하며 동시에

쥬얼리업에 종사하는 것에 긍지를 가지며 새로운 용기를 얻곤 했다.

나의 개인적인 경험을 피력한 것은, 다이아몬드는 무색투명이 최고급이라는 고정관념을 버렸으면 하기 때문이다. 다이아몬드는 무색투명으로부터 블루, 그린, 핑크, 오렌지 등 다양한 색을 갖고 있다. 따라서 금과옥조처럼 다이아몬드는 무색 투명해야한다고 결정해 버리면, 치장의 폭이 한정되어 버린다. 내 개인적인 취향으로서는 피부색에 잘 맞고, 게다가 온기와 풍부한 캐릭터를 연출해 주는 옐로우다이아몬드에 손을 들고 싶다.

그럼, 드디어 본제이다. 보석의 여왕·다이아몬드에 「성형미인」 은 어느 정도 섞여 있을까? 실은 상당한 수에 달한다. 색처리는 주로 방사선 조사로 이루어져 색이 별로 좋지 않은 다이아몬드는 방사선 조사로 보기 좋게 변신한다.

또, 칼라다이아몬드의 상당수는 천연색이 아니고 블루다이아몬드의 90퍼센트, 작은 핑크다이아몬드의 50퍼센트 이상이 인공 처리된 색이다.

색처리의 기술이 발달한 현재, 처리된 칼라 다이아몬드도 어디까지나 아름다움을 추구하기 위해 과학적 수단이 행해진 것으로 시민권이 주어져도 괜찮다고 생각한다. 색처리된 다이아몬드의 수요가 있고, 거래가 성립하는 한 인공색을 무조건 부정할 수는 없다. 60세가 넘은 나의 아내도, 눈썹문신을 할 계획을 세우거나 성형외과에서 볼의 살을 제거할까 등 오싹한 말을 하는 것을 보면, 아름다워지기 위한 처리는 인정하지 않을 수 없다.

그러나, 보기 안 좋은 갈색의 다이아몬드를 레이저로 탈색하거나 다이아몬드의 균열에 특수유리를 주입하고 균열을 숨기거나, 다이아몬드 내부에 있는 불순물을 레이저처리로 없애버리는 영리목적으로 행해지는 겉치레는 용인하면 안 된다. 이런 「성형」 과 매력을 끌어내기 위한 화장과 같은 세공은 구별해야 하고, 그 때문에 업계는 정보를 오픈하는 편이 좋다.

진주의 색은 황토색

　진주양식장에서 아고야 조개로부터 꺼내진 진주의 색이 무슨색일까? 대부분의 사람들은 조개 속에 핑크화이트로 빛나는 펄이 잠들어 있다고 생각하고 있지 않을까?

　그러나 유감스럽게도 대답은 「황토색」이다. 그대로라면 아무도 착용하고 싶지 않을 정도로 보기 안 좋은 색이다. 그럼, 황토색 진주가 사람을 끌어당기는 광택과 빛을 가지고 있는 것은 왜일까? 그 비밀을 지금부터 밝히려 한다.

　상술한 대로 진주중에서 최고급품으로서 인정되는 것은 「둥근 진주」, 통칭 "하나다마花珠"이다. 하지만, 하나다마가 최상이라는 가치관이 생긴 지 아직 수십 년 밖에 지나지 않는다. 본래 진주란 바다에 사는 조개 안에서 우연히 찾아낼 수 있는 것이었다. 패각 안에 우연히 이물질이 들어가, 그것이 핵이 되어 커진 것이 진주이다.

　인공적으로 조개 안에 핵을 넣어 양식에 성공한 사람이 미키모토 펄의 창업자, 미키모토 고키치이다. 그러나 사람의 손을 빌려 만들어진 둥근 진주가 유럽에서 바로 인정받을 수 있었냐 하면, 그렇게 간단하지 않았다. 미키모토 진주가 진짜진주인지 위조진주인지 하는 논의가 들끓었던 것은 당연했다.

　보석이란 자연계로부터 만들어지는 것이고, 인공적으로 만들어진 것은 보석은 아니라고 보면, 미키모토진주는 보석의 정의로부터 벗어나게 된다. 예를 들면 탄소에 고온 고압을 더해 만든 인공 다이아몬드는 주로 공업용으로 사용되고 있지만, 쥬얼리로서 시민권을 얻고 있지 않다.[8]

　그럼에도 불구하고, 미키모토진주가 세계에서 그 가치를 인정받아 둥글고 흠 없는 하나다마花珠가 최고급품이 된 것은 역시 그 아름다운 광택이 사람들을 매료시켰기 때문이라고 생각한다. 그러나 그 아름다운 광택도 사람의

---

8) 현재는 보석용으로 합성다이아몬드가 사용되고 널리 시판되고 있다. 역자 주

손에 의해서 만들어 내진 것이라면 어떨까?

먼저 밝힌 것처럼, 일본에서 양식되어 바다에서 꺼내진 아고야조개진주는 황토색이 아니면 흐린 자감색紫紺色인 것이 대부분이며 결코 깨끗한 것이라고는 할 수 없다. 자신의 진주목걸이를 자연스러운 색이라고 생각하고 있던 분은 쇼크를 받았을지도 모른다. 아고야조개가 진주층을 몸 안에서 만들어 가는 동안, 바다 속의 유기물, 즉 플랑크톤이나 산호, 해조류가 토해내는 것을 받아들이기 때문에 진주가 황토색이 된다.

그것을 핑크화이트광택을 지닌 둥근 진주로 완성하려면, 인간의 손에 의한 가공, 「조색」이 불가피하다. 가공업자는 바닷가에 올려진 황토색 진주를 알코올종류의 액체에 담가 탈색한 후 염색한다. 즉 핑크화이트의 빛은 업자의 염색 기술에 좌우되는 것으로, 염색 방법은 기업비밀로서 공개하지 않는다. 보다 핑크색 하나다마를 목표로 각 업자들은 격전을 벌이고 있다.

진주의 색처리는 그 외에도 진주핵을 굽는 방법도 있지만 문제는 처리를 가한 사실이 감별서에 기재되지 않은 것이다. 감별서에는 「진주」라고만 돼있고 대부분의 경우「조색」이라는 말은 없다. 사견이지만 대부분의 진주는 사람의 손으로 양식된 것이기 때문에 다른 보석과 달리 염색처리를 해도 반드시 부자연스럽다고 말할 수 없다. 그러나 업자나 소비자의 가치관에 좌지우지되어 핑크 화이트의 둥근 진주만 귀하게 여기지 않고 바로크진주나 천연진주를 다시 생각했으면 좋겠다고 생각한다. 다시 말하겠지만 천연 진주나 염색되지 않는 진주에 관심을 가지면, 이제까지와는 다르게 개성있는 연출을 할 수 있을 것이다.

에메랄드는 호수의 깊은 색에 비유되듯이 신비로운 초록으로 빛나는 보석이다. 에메랄드의 초록색에 마음을 빼앗기는 여성은 적지 않을 것이다.

그러나, 에메랄드라는 보석은 결정안에 균열이 많아, 그 속에 물이나 기포, 이물질이 넣어진 채로 결정화된 경우가 많다는 결점이 있다. 불순물이 혼입되지 않은 순수한 결정체는 극히 조금 밖에 없다. 금이 들어가거나, 색이 진하지 않은 원석이 대부분이다.

결점이 있는 에메랄드의 개선방법은, 놀랄 만큼 단순해서 집 부엌에서도 할 수 있다. 대답은 「에메랄드원석을 식물성기름에 담그는 것」 이다. 식용유를 넣으면 색이 현격히 좋아져, 균열이나 기포를 찾기 어려워진다. 업자는 싼 에메랄드를 좋은 색의 에메랄드로 변신시키고 고가로 팔아버리려는 것이다.

기름에 담근 에메랄드는, 안경을 씻는 초음파 세정기로 씻으면 선명했던 녹색이 금방 퇴색된다. 또한 천으로 감싸 긴 시간 방치해 두면, 에메랄드의 색은 기름과 함께 천에 스며들어 나와 버린다.

게다가, 색이 예쁘게 빠져나가지 않기 때문에, 기름에 담그기 전보다 더 안 좋은 상태로 돼버리니, 터무니없는 짓이다.

서랍에 간수해 둔 에메랄드가 탈색해 있어서 아연실색했던 경험이 있는 분은 꽤 있을 것이다. 항구불변의 보석이 어느새 변색되어 있어 놀랐던 것이겠지만, 돌에 스며들었던 기름이 빠진 것이 원인이다.

이러한 처리를 한 것에 대해서 감별서에는 돌이 본래 가지고 있는 아름다움을 꺼내는 처리를 했다고 쓰여 있기도 하지만 아무래도 이것은 그릇된 행위이다. 분명히 「함침含浸[9]」 이라고 적어야 한다.

에메랄드 함침은 처음부터 에메랄드를 보다 고액상품으로 만들려는 업자의 의도가 노골적이므로 개인적으로 허락하기 어렵다고 생각한다.

---

[9] 含浸 : 보석의 깨어짐이나 색상을 향상시키기 위해 오일 등으로 메운 스톤에 표시하는 용어. 역자 주

　루비와 사파이어에 있어 "성형" 방법은 가열 처리이다. 대부분의 사파이어 원석은, 파랑 잉크를 엷게 한 것 느낌의 색이며, 매장에서 볼 수 있는 감색이나 투명한 청색인 것은 거의 없다. 그러면 어떻게 할까?

　색이 진하지 않은 사파이어원석을 고온으로 가열하면, 내부에 있는 유색 원소의 산화티타늄이 내부 확산처리를 하여, 보다 한층 진한색으로 변화한다.

　루비의 성형도 이와 같은 방법으로 행해진다. 루비의 불타는 빨간색은 결국 루비를 태운 빨강이다. 이 가열처리에 관해서는, 「지각 안에서 열을 받고 있었다면, 가열처리를 가한 것처럼 선명한 색이 되어 있을 것이므로 문제없다.」 라는 전문가도 있다.

　물론 그 논리를 전부 부정할 생각은 없지만 역시 그것은 판매자측 입장이고, 논리만이라는 생각이 든다. 구매자측에서 보면, 어떤 성형을 가했는지 납득한 다음 사고 싶을 것이다.

　판매자측도 속일 생각이 없다면, 제대로 가열처리에 대해 정보공개를 하는 것이 좋다. 판매자측과 구매자측, 쌍방이 납득하는 정보공개가 필요할 것이다.

　업계가 너무 이 「성형」 문제에 대해 입을 다물고 있는 것은 좋지 않다고 생각해서, 굳이 나는 내막을 공개했다. 독자 여러분 중, 다이아몬드는 방사선조사, 진주의 대부분은 조색처리가 가해지고 에메랄드에 이르러서는 식용유로 성형되어 있었다는 사실을 알면, 지금까지 천연의 색이라고 생각해온 쥬얼리가 퇴색해 보이거나 유사품이었는가 해서 쥬얼리에 대한 애착이 희미해지는 분이 계실지도 모른다.

　그러나 조금 다시 생각해 보면 옥도 연마하지 않으면 빛나지 않는다는 속담이 있듯이 어떤 소재라도 누군가가 연마하지 않으면, 단순한 돌에서 끝나 버리기도 한다. 그 방법을 인류의 뛰어난 지혜라고 부를 수 있다면, 자연의 은혜와 인간의 지혜가 낳은 보석으로 인정해도 괜찮은 것이 아닐까?

문제는, 「성형」 과 그것을 숨기려는 자세이다. 「정보공개 후」 라는 조건이 필요하지만 순수하게 소재의 좋은 점을 끌어내기 위한 화장이라면, 용서해야하지 않을까 생각한다.

TV홈쇼핑에 주의할 것

TV홈쇼핑의 대유행

쥬얼리를 TV홈쇼핑이나 통신판매로 구입하는 것이 너무나 당연한 세상이 되었다. 가전제품이나 건강기구는 물론, 쥬얼리도 TV홈쇼핑의 인기품목이 되었다. TV홈쇼핑은 이제 쇼핑전문채널이나 케이블TV에서 뿐만 아니라, 심야부터 새벽녘까지는 지상파 주요방송국에서도 대유행이며, 시청자의 구매욕구를 마구 부추기고 있다.

예를 들면 이런 느낌으로

「오늘의 특가품을 안내하겠습니다. 오늘은 굵은 진주비드목걸이를 소개합니다. 진주크기가 8.5㎜~9㎜, 초커타입[10]으로 약 42㎝의 길이로 만들어졌습니다. 크고 진주충이 두꺼운, 훌륭한 광택의 양식진주목걸이. 오늘의 기획을 위해서 큐슈 아마쿠사九州 天草[11]의 진주양식장에서 특별히 사들였습니다. 가격은 단돈 19만8천엔!」

「이번 특가품으로서는 2캐럿 다이아몬드반지를 안내해 드리겠습니다. 플래티넘 6개 난발로 세팅된 뛰어난 빛의 라운드브릴리언트 컷 천연다이아몬드를 사용. 게다가 2캐럿이라는 좀처럼 볼 수 없는 희소가치 있는 물건입니다. 이것이 48만엔. 한정수량이니 서둘러 신청해 주세요.」

「그럼 여기서 텔레비전을 보시는 여러분에게 귀가 솔깃해지는 안내를 드리겠습니다. 이번제품은 시코쿠 우와지마四国宇和島[12]의 진주양식장에서 직접 사들인 양식진주목걸이입니다. 크기가 6.5㎜~7㎜이며 전체 길이가 42㎝. 실 대신 스테인리스 와이어를 사용해서 진주를 잇고, 진주와 진주 사이에 실리콘패킹을 넣어 진주의 훼손을 막았습니다. 가격은 특판가 3만8천엔. 평소에 착용할 기회가 매우 많은 진주목걸이. 이 기회에 어서 구입하세요.」

---

10) 목에 꼭 끼는 짧은 스타일의 목걸이. 역자 주
11) 쿠마모토현 (熊本県) 에 있는 진주생산지.
　　일본 4대 진주양식장(愛媛, 三重, 長崎, 熊本) 중 한 곳. 역자 주
12) 에히메현 (愛媛県) 에 있는 진주생산지. 역자 주

이러한 대사사이에 스튜디오에 있는 "가짜 고객"이 과장되게 놀란 표정을 하거나 텔레비전에서 오랜만에 보는 옛날 탤런트가 감탄사를 내뱉는 것이 TV홈쇼핑의 전형이다.

나는 TV홈쇼핑이나 통신판매을 근본적으로 부정할 생각은 없다. 시중 쥬얼리숍에 나가는 것은 귀찮다, 쇼핑하러 갈 시간이 없다, 백화점 쥬얼리 판매장에서 찾아도 어떤 것을 사면 좋을지 모른다는 부인에게는 TV홈쇼핑은 간편하게 쥬얼리를 구입할 수 있는 하나의 방법인 것은 인정한다. 그러나 간편하고 편리하다는 이점이 있는 반면 통신판매나 텔레비전에서는 실물을 직접 만질 수 없다는 중대한 결점이 있다.

오랫동안 애용할 쥬얼리를 사진이나 TV영상을 본 것만으로 구입하는 것은 아무리 봐도 위험하다. 맞선 사진만 보고 한번도 만나지 않고 결혼하는 것과 같아 텔레비전에서 본 반지를 손가락에 껴보고, 마음에 들지 않으면 어떻게 할 것인지 걱정된다.

통신판매 비즈니스의 계략

통신판매에서 자꾸 상품으로 취급하는 것은 수요가 그만큼 있기 때문이므로 TV홈쇼핑으로 쥬얼리를 구입한 경험이 있는 분은 꽤 있을 것이다. 그러나 실제로 구입한 사람은 일주일쯤후 상품이 도착해 포장을 풀었을 때 어떤 느낌이 들었을까? 많은 분들은 도착한 물건이 상상했던 것과 꽤 이미지가 다르다고 생각했을 것이다.

통신판매업체가 제공하는 상품은 개인의 기호를 하나의 테두리에 집어넣은 것이고 이익을 내기 위해서는 채산성 있는 수량을 판매할 필요가 있다. 따라서 손님이 직접 볼 수 없는 상품을 팔기 위해서 연출효과를 높여 마치 텔레비전에 나온 모델이 당신을 대신해 착용하는 것 같은 착각을 주어 구매의욕을 돋운다. 산 사람이 실물을 직접 보았을 때와의 차이에 대해서 문제 삼지 않는다. 어쨌든 전화를 걸게 하는 것이 중요하다.

왜냐하면, 「텔레비전에서 본 상품과 도착한 물건의 이미지가 다르다.」 라고 구매자가 불만을 가졌다 해도, 반품할 정도로 크게 다르지 않고, 반품하는 수고를 생각하면 돌려보내지는 않을 거라고 계산하기 때문이다.

업자의 초점은 확실히 여기에 있다고 말할 수 있다.

「상품에 반드시 만족할 수는 없지만, 반품하는 것은 귀찮다.」 라고 생각하는 사람이 상당히 많다. 이렇게 해서 TV홈쇼핑에서 구입한 쥬얼리는 한 두 번 착용되고, 몇 개월 후에는 서랍 속에 잠들게 된다.

TV홈쇼핑에서 쥬얼리를 구입해 후회한 여성이 많을 텐데, 지금도 대성황인 것은 왜일까? 「이 상품은 특별히 싸다.」 , 「이렇게 싸니 안사면 손해다.」 라는 생각에 후회했던 것도 잊어버리고 주문해버리는 사람이 끊이지 않기 때문이라고 생각한다. 서랍에 간수해 둔 쥬얼리는 잊어버리고...

여성에게 있어서 쇼핑을 싸게 했다는 것은 각별한 기쁨같다. 「보통 10만엔 이상하는 이 진주목걸이, 얼마에 샀다고 생각해? 단지 3만9천8백엔이야.」 라는 자랑을 듣기도 하지만 과연 멀쩡한 자동차나 전기제품의 경우 3분의1까지 가격을 내릴 수 있을까? 냉정하게 생각하면 그 목걸이가 의심스러운 상품이라고 간파할 수 있을 것이다.

게다가 텔레비전이라는 매체의 이용비용까지 생각하면, 10만엔을 3만9천8백엔으로 팔면 이익은 커녕 적자일 것이다. 그런 일은 조금 생각하면 알겠지만, 그럼에도 「한정품입니다.」 「SOLD OUT」 라는 말에 어째서 여성은 구매욕이 생기는지 이해하기 어렵다.

TV홈쇼핑에서 구입할 수 있는 상품에 대해서는 미리 두가지를 알아 둘 필요가 있다. 하나는 특별한 상품처럼 가장하고 있는 것도 실은 공장에서 대량생산된 시중에 흔한 디자인이라는 것, 또 하나는 싼 가격을 강조해도 시중 판매점과 가격에 큰 차이는 없다는 것이다.

TV홈쇼핑으로 대표되는 통신판매의 함정은 「안보인다」 는 점에 있다. 판매자에게는 고객의 얼굴이 안보이고, 구매자에게는 물건의 진짜 모습이 보이지 않는다. 텔레비전의 화면, 광고지의 사진으로 알 수 있다 해도 그것을 실제로 본다고는 할 수 없다.

쥬얼리를 사는 경우 실물을 눈으로 보고, 손으로 만지고, 몸에 착용해 보고 결정하는 것이 대원칙이다. 화면이나 사진만으로 물건의 광택이나 윤, 착용감, 중량을 알 수 있을까? 신어보지도 않고 구두를 사면, 후회할 확률이 높다. 이와 같이 착용해 보지도 않고 쥬얼리를 구입하는 것은 무모한 짓이라고 말할 수 밖에 없다.

공업제품인가 쥬얼리인가

TV홈쇼핑이나 통신판매의 주품목이 되는 것은 다이아몬드반지와 진주목걸이다. 여기에는 그만한 이유가 있다. 양쪽 모두 사용할 기회가 비교적 많고 대부분의 여성에게 있어 필수품이기 때문이다.

정장스타일을 입을 때도 캐쥬얼을 즐길 때도 위화감 없이 사용할 수 있는 쥬얼리로서 누구에게나 인기있는 아이템이다.

상품을 대량으로 팔려는 업자에게는 수요가 많은 다이아몬드와 진주는 기획상품으로서 제격이다. 게다가 다이아몬드와 진주는 소비자에게도 익숙한 것이며 크기나 형태를 표시하면 어느 정도 판단할 수 있다.(라고 텔레비전을 보는 사람은 생각해 버린다.) 사실 시청자에게는 "안보이는" 상품이어도, 0.5캐럿 다이아몬드, 1캐럿 다이아몬드라고 설명하면 대체로 이런 것일거라고 상상이 가고, 직경7㎜의 양식진주와 9㎜는 9㎜쪽이 우량품일거라고 판단할 수 있다. 그래서 그만 유혹에 빠져 전화기에 손을 뻗어 버린다.

사실 크기는 판단 기준의 하나이지 가치 기준은 아니다. 0.5캐럿 다이아몬드 반지보다 1캐럿 다이아몬드 반지 쪽이 고가인 것은 확실하지만, 디자인, 스톤의 빛이나 광택, 착용감 등으로 0.5캐럿 반지 쪽이 자신에게 맞을 수도 있다. 게다가 디자인은 누구에게나 "무난한" 것이기 때문에 손을 대기 쉬운 반면, 개인의 기호에 딱 맞지는 않을 것이다. 그러므로 수중에 상품이 도착해 몸에 착용해 보면 실망해 버리는 것이다.

생각해 보자. 통신판매업자는 TV전파를 사용해 같은 디자인, 같은 가격의 상품을 대량으로 파는 것을 목적으로 하고 있다. 한 번에 100개나 200개를 팔지 않으면 채산성이 맞지 않을 것이다. 100개 이상의 같은 디자인, 같은 가격의 상품을 만든다. 이것 자체가 쥬얼리 본래의 가치에 역행하고 있다. 지각속에서 캐낸 다이아몬드원석은 인간의 얼굴이 모두 다르듯 같은 것은 하나도 없다. 1캐럿 다이아몬드를 100개 늘어놓으면 색이 각각 다른 것은 당연하다. 이는 쥬얼리 초보자라도 알 수 있다.

엄밀히 말하면 디자인은 같아도, 같은 품질의 쥬얼리를 대량으로 만들 수는 없다. 그것을 억지로 같은 가격, 같은 디자인, 같은 품질이라고 강조해 판매하는 것은 속이는 행위라고 해도 과언이 아니다. 통일된 규격으로 제조된 공업제품이라면 A든지 B든지 교체가 가능하지만, 쥬얼리는 그렇지 않다. A반지 다이아몬드와 B반지 다이아몬드는 미묘하게 다르며 대체품이 될 수 없다.

통신판매업자는 쥬얼리의 가치를 무시하고, 마치 공업제품처럼 상품을 팔아 버리고 있다.

연출된 「저렴감」

「그렇게 말해도 대량으로 취급하니까 싸지겠지. 저렴하잖아!」
이런 식으로 생각할지도 모른다. 실제, TV홈쇼핑이나 통신판매의 장점은 무엇보다도 싼 가격이다. 언뜻 봐서 시청자에게 싸다라는 인식을 심어주기 위해, 시청자가 평소에 보고 듣는 가격보다 싸게 하지 않으면 안된다. 백화점에서 10만엔 하는 것을 5만엔으로 살 수 있다면 5만엔의 「저렴감」을 심어 줄 수 있고, 텔레비전 앞으로 시청자가 더욱 몸을 기울인다.

통신판매의 생명은 뭐니뭐니해도 이 「저렴감」이다. 일반적으로 거래에서는 보석의 가치와 디자인, 가공기술이 가격의 베이스가 되고, 거기에 영업이익을 더하여 상품가격이 정해지는데, 통신 판매는 무엇보다도 먼저 가격의 저렴감이 우선이 된다.

이 장의 첫 부분에서 TV홈쇼핑의 선전문구를 소개했다. 초커 타입, 42㎝의 9㎜ 양식진주목걸이가 19만8천엔이라는 것은, 놀랄 정도로 싸고, 일반 쥬얼리숍에서는 두 배 이상의 가격일 것이다. 다른 선전문구인 「2캐럿 다이아몬드반지가 48만엔」이라는 것도, 그 어떤 곳에서도 만나볼 수 없는 가격, 그 세배를 낸다 해도 힘든 가격이다.

시청자를 놀래키는 「저렴감」을 강조해 텔레비전 앞의 여성 고객들을 부추신다. 압도적인 크기나 양, 또는 저렴함으로 손님이 냉정하게 생각할 여유를 주지 않고, 시청자를 그야말로 압도해 버린다. TV홈쇼핑이란 그런 것이다.

일반적인 거래루트로 구매한 상품을 이런 파격가로 팔아서 이익을 내는 것은 있을 수 없다. 그래서 나는 「복잡한 사정이 있는 상품은 아닌가?」 「확대경으로 확인하면 차의 앞유리가 깨졌을 때처럼 세세한 결점이 퍼져 있거나 검은 내포물이 산재하고 있지 않을까?」 의심해 버린다. 물론, 내가 전혀 모르는 참신한 구매방법이 있는 것까지 백퍼센트 부정하지 않는다.

그러나, 프로가 생각해도 좀처럼 있을 수 없는 듯한 2캐럿 48만엔의 다이아몬드를 사서 저렴함에 취할 정도라면, 머리를 식혀 0.5캐럿 30만엔의 정직한 다이아몬드를 구하는 편이 훨씬 지혜로운 쇼핑이다.

한편, 귀금속체인점 광고지에는 이런 호객문구가 큰 활자로 쓰여 있다.

「우리 회사는 연간 금 6톤, 해외에서 직접 사들인 보석 50만 캐럿을 사용해 자사공장에서 백이십만개의 반지를 일괄생산, 디자인부터 판매에 이르기까지 모두 자사 내에서 행하고 있습니다.」

물론, 분명 대량매입, 대량생산하면 단가는 어느 정도 억제될 것이다. 그러나, 이는 슈퍼나 가전용품대리점의 광고와 다름이 없고, 도저히 쥬얼리를 취급하는 회사의 광고라고는 생각되지 않는다. 이 회사의 상품에는 시대를 넘어 애착이 생기는 디자인이나 가공기술을 바랄 수 없을 것이다. 「저렴감」에 구입했어도, 결국은 반년정도 지나면 그 「결여감」에 싫증이 날 것은 분명하다.

팔면 끝 체칠

쥬얼리를 매매할 때 중요한 것은, 판매자와 구매자의 신뢰관계이다. 왜냐하면 쥬얼리를 평생에 걸쳐 영원히 애용하려면, 애프터서비스도 빠뜨릴 수 없기 때문이다. 목걸이의 연결수선이나 반지의 사이즈 수리, 세척이나 광내기 서비스 등, 팔면 끝이 아니다. 그래서 시중의 오래된 점포는 몇 십년간 같은 곳에서 장사를 해야 비로서 신용을 얻게 된다.

TV홈쇼핑을 보면 알겠지만, 업자는 애프터서비스에 대해서 일절 언급하지 않는다. 집에 도착한 상품이 마음에 안 들면 환불기간 내에 자비로 반송하면 대금은 환불한다고 표시는 하지만 의도적으로 애프터서비스에 대해서는 언급하지 않는다. 몇 년간 사용해서 진주목걸이의 연결이 어긋나도, 업자는 대응해 주지 않을 것이다. 쿨링오프제도[13]는 있지만, 그 기간이 지나면 이후는 '관계없음'이라고 해버린다. 애프터서비스까지는 처음부터 생각하지 않은 것같다. 이러면 팔면 끝이라는 소리를 들어도 어쩔 수 없다.

---

13) 기간내 환불제도

이런 신뢰라는 말과는 무관한 TV홈쇼핑이 순간적으로 신뢰를 거두는 「비책」이 바로 프로그램에 등장하는 텔런트나 캐스터의 칭찬어구나 호객 문구이다. 그러나 그들은 출연료를 받을 뿐 상품이 어디로 갈지 상관하지 않는다. 상품이 구입자가 생각한 이미지와 달라도, 애프터서비스를 못 받아도, 책임이 없다는 것이다. 그들의 역할은 "가격에는 수긍하지만 상품의 품질에 대해서는 판매자에게 맡긴다." 라는 암묵의 양해를 구매자에게 구하는 것이다.

그건 그렇고, 안 보이는 상품을 안 보이는 판매자로부터 사 버리는 것은 왜일까? 양복을 살 때는 통신판매를 이용했던 적도 없는 사람이라도 쥬얼리의 경우 TV홈쇼핑에 손을 대어 버리는 경향이 있는 것 같다. 그 배경에는, 쥬얼리숍의 「문턱의 높이」도 영향을 주고 있을 것이다. 쥬얼리는 가치나 가격판단이 어렵기 때문에, 부띠크에 들어가듯이 부담 없이 가게에 들어가기 어려운 것을 하나의 이유로 들 수 있다.

쥬얼리숍이나 백화점의 쥬얼리매장에 가면, 점원이 곧바로 다가와 이것저것 추친해줘도 헤맬 뿐이고 쇼핑을 즐길 수 없다. 또는 고액의 상품이 줄지어 있는 진열장을 보기만 해도 기가 죽는다. 여러 가지 이유로 쥬얼리를 사는 것이 귀찮고 기가 죽어버리는 것이다. TV홈쇼핑이라면 귀찮은 일도, 기죽을 일도 없이, 전화 한 통으로 살 수 있다.

이것은 기존 쥬얼리숍도 반성해야 하는 부분인데 이에 대해서는 이후의 장에서 자세히 이야기 하겠다.

그런데 소비자들은 제발 귀찮아하지 말았으면 한다. 게으른 사람은 TV홈쇼핑의 알맞은 타겟이 돼버린다. 자신만의 확고한 스타일을 가지고, 실물을 보고, 실제로 손으로 만지지 않은 이상 사지 않겠다는 사람은, 프로그램이 아무리 저렴함을 부추겨도 유혹에 혹하지 않는다.

늘 가는 쥬얼리숍이나 정해진 세일즈맨과의 교류가 없는 사람, 자신의 스타일이 없고, 평균적인 삶이 편안하다고 생각하는 사람은 TV홈쇼핑이나 통신판매에 주의를 필요로 한다. 쥬얼리를 물건의 가치로 판단하지 않고, 가격으로 선택하는 타입의 사람도 위험하다.

자신에게 맞는, 평생에 걸쳐서 가치를 높여 갈 수 있는 쥬얼리를 원한다면, TV홈쇼핑이나 통신판매는 피하는 편이 안전하다. TV홈쇼핑에는 구매자 쪽에서 볼 때 "가격의 교섭을 할 수 없다, 상품의 품질을 음미할 수 없다", "자신에게 맞는지 확인하지 못한다."라는 세 가지 마이너스 요소가 있는데다, 통신판매 비즈니스의 성격상, 상품은 몰개성적이고, 대상은 최대공약수, 그리고 일시적인 신뢰관계를 연출하고 있다는 계략이 있는 것을 잊으면 안된다.

할인제품에 손을 내밀지 말아라.

신문에 끼워 넣는 광고에 「초특가」, 「재고처분」 이라고 쓰여 있거나, 점포 앞에 큼직하게 「폐점 반값처분」, 「초특가50%할인」 이라고 게시되어 있는 것을 볼 때가 있다. 매장에 이런 상품이 나오는 이유는 두 가지. 재구매 가능한 유통상품을 「호객」 을 목적으로 판매하는 경우와, 재고과잉품이나 재고품을 「처분」 할 목적으로 디스카운트하는 케이스. 전자는 시장에 대량으로 나돌고 있는 상품이고, 후자는 유행이 지나거나 히트 상품이 되지 못한 물품이다.

「할인제품 속에도 가치 있는 물건이 있을 지도 모르잖아.」 라는 소리가 있을지 모른다.

물론 그 가능성을 완전히 부정할 수 없다. 그러나 그런 경우에는 당신이 상당한 감정지식이 없으면 간파할 수 없다. 자신이 없으면, 할인제품에 손대지 말아야 하는 것이다.

좋은 상품을 싸게 손에 넣는다는 것은 쇼핑의 묘미(참다운 즐거움)이며,

쾌감이라고도 할수 있다. 특히 여성은 이에 성공하면 쓰레기더미에서 보물을 찾아낸 듯 기뻐한다. 그러나 유감스럽게도 쓰레기더미에는 쓰레기 밖에 없다. 백보 양보해 상품으로서는 쓰레기가 아니어도, 쓰레기더미에 있었다는 사실까지 지울 수는 없다. 우선, 만남의 스토리가 할인에 물들어 있는 쥬얼리에는, 어디까지나 할인 이미지가 항상 따라다니게 된다.

좋은 물건을 싸게 샀다고 한때 기뻐해도, 안개가 개여 주위의 상황이 깨끗해지면, 「자신의 소지품은 할인제품이다.」 라는 부정적 이미지가 부각된다. 그것이 할인제품의 말로라고 할 수 있다. 할인제품을 사서 몸에 착용하는 것은 스스로를 할인해 표현하는 것과 똑같이 보인다 해도 과언은 아니라고 확신한다.

할인제품을 사려면 자신만의 쥬얼리를 만드는 재료로서 사는 것이다. 할인제품을 완성된 상품으로 보지 말고, 미완성소재로 생각해 오리지날쥬얼리를 만드는 경우에만 부정적이미지를 불식할 수 있다. 그 경우에는 할인제품이 오리지날 쥬얼리로 변신해 새로운 스토리를 새기기 시작할 것이다. 물건의 가치를 간파하는 재능이 있는 사람은, 집화와 같은 할인세품 중에서 우수한 제품을 발견해, 쥬얼리소재로 쓰는 쾌감을 즐길 수 있다. 다만, 상품의 질이나 완성도를 상상할 수 있는 눈을 가지는 것은 쉽지는 않다.

덧붙여 할인제품을 여성에게 선물로 하는 일은 당치않다는 것을 남성들은 마음에 새겨두어야 한다. 예산이 적으면, 그 금액에 맞는 가치가 있는 것을 선물하는 것이 좋다.

여자친구가 우연히 판매점광고지를 보고 선물의 반지가 할인제품이라는 것을 알면 아마 이렇게 말해버릴 것이다.

「당신의 사랑도 이 쥬얼리처럼 할인이였네.」 라고.

제 **4** 장

원산지구입은 싸지 않다.

업자의 물건은
도시에서 터무니없이 값이 깎여버린다.

세상에는 믿음이나 편견 때문에 잘못된 판단을 해버리는 경우가 자주 있다. 최근 신문 기사에 의하면 초등학교 4학년부터 6학년 중 40%가 「지구가 움직이는 것이 아니라, 태양이 지구주위를 돌고 있다」고 믿고 있다해서 놀랐다.

쥬얼리 세계에도 이와 비슷한 믿음이나 편견이 많이 있다. 그것이 소비자의 이익과 관계없다면 문제없는데, 믿음 때문에 쥬얼리를 사려는 사람이 손해를 보았다든가, 속았다고 후회하는 일이 있어서는 곤란하다. 또 쥬얼리를 선택할 때의 가치기준이 업자에 의해서 일정한 방향으로 왜곡되고 있는 것도 지적해야 한다. 조금 극단적인 표현을 한다면 취향의 "세뇌"라고 할 수 있다.

평생 사용할 쥬얼리를 가지려면, 이러한 믿음이나 편견, 업계의 세뇌에서 벗어날 필요가 있다고 생각한다.

우선, 전형적인 믿음 중 하나가 「원산지 직매는 싸다」는 것이다. TV홈쇼핑의 선전문구나 양판점14) 광고지에서는 자주 「원산지 직매」를 강조하고 있다. 이렇게 선전하면, 「그렇구나. 업자가 어느 산속 광산에 가서 싸게 사왔구나. 그럼 틀림없이 싸겠네!」라고 이해하기 쉽다. 그러나 이것은 완전히 틀린 생각이다.

쥬얼리에 한해서는 생산지나 주요거래소에서 사면 싸다는 것은 사실과 다르다. 큰 항구가 있는 곳으로 여행을 가면, 맛있는 생선을 싸게 먹을 수 있다는 식의 생각은, 분명히 말하지만 착각이다. 오히려 산지로부터 멀어지면 쌀 경우도 있다고 생각하는 것이 좋다.

왜냐하면 쥬얼리의 경우, 생산지에서 가격 폭락을 방지하기 위해 생산량

---

14) 소매점의 형태로 대량생산한 물건을 싸게 파는 소매점. 한국에는 이러한 형태의 쥬얼리숍이 없기 때문에 의역하지 않고 원문그대로 번역함. 역자 주.

을 조절하고, 일정한 가격수준을 유지하기 위해 가격을 통제하고 있다. 다이아몬드나 진주가격이 어느 정도 유지되고 있는 것은, 이렇게 생산조정과 가격통제를 하고 있기 때문이다. 진주를 구하러 이세 시마伊勢 志摩의 진주 생산지까지 가도, 특별히 싸고 질 좋은 진주를 살수 있는 것은 아니다. 현지라 해도 품질에 맞는 가격이 붙여져 있고, 큐슈九州나 시코쿠四國의 양식장이나, 진주 거래의 중심지인 코베神戶에 가도, 당신이 살고 있는 동네의 쥬얼리숍에서 사는 가격과 그다지 차이가 나지 않을 것이다.

이런 배경 때문에 오히려 산지가격이 더 비싸다는 것이 업계의 상식이 되어 있다. 산지에서 대도시로 진주를 팔러 간다고 하자. 대도시에서는 쥬얼리 도매업자나 소매업자가 북적거리고 있어 가격경쟁이 벌어지고 있다. 당연히 상품을 현금화시키고 싶은 산지업자의 물건은 터무니없이 가격이 깎여버려 약점을 잡혀 버리는 것은 세상 어디서나 똑같다. 산지업자는 소비지에서 물건을 현금화하지 않으면 본전도 못 찾기 때문에 약점을 잡혀 버린다. 그러므로 특히 보석에 관해서는 「산지에서 멀어질수록 더 싸다.」는 역전현상이 일어난다.

산지에서 가장 먼 곳이 베스트

옛날 내가 진주도매업을 했었을 때, 매달 삿포로札幌의 소매점에 진주를 팔러 갔었을 때 여기에서도 역시 「역전현상」을 볼 수 있었다.

판매자측의 경쟁이 심하거나, 소매점이 살까말까 망설일 때에는 채산이 맞지 않는 가격까지 깎여버린 경우가 자주 있었다.

여하튼 우리는 도쿄에서 비행기값과 숙박비를 들여왔기 때문에, 최악의 경우 원가만 확보할 수 있으면 됐다며 그만 마음약한 장사가 되어 버린다. 삿포로에서 안 팔리면 더 이상 북쪽으로 가도 팔리는 곳은 없다. 「어떻게든 여기서 팔지 않으면….」 라는 생각으로 마음이 약해져 버린다.

아고야진주 거래의 메카인 코베나 쥬얼리의 집적지인 코후甲府, 혹은 진주도매업자가 모여 있는 우에노上野나 오카치마치御徒町에서 여비를 들여서 오는 세일즈맨에 있어서, 삿포로는 가장 경쟁이 치열한 곳이다. 즉, 산지에서 가장 멀어진 삿포로가 일본에서 가장 진주를 싸게 살 수 있는 곳이었다. 일반적으로 원격지遠隔地에서는 세일즈맨의 여비가 마진에 추가되어 소매가격에 반영될 것이라고 생각하기 쉽상인데, 사실은 완전히 반대이며, 진주는 생산지에서 가장 먼 삿포로에서 저렴하다.

일본에 오는 외국인 관광객은 일본에서 진주를 싸게 살 수 있다고 생각한다. 이것도 같은 오해이며, 진주를 싸게 사고 싶으면 뉴욕이나 홍콩에 가는 편이 좋을 것이다. 세계의 쥬얼리가 모이는 곳이 뉴욕이며, 세계에서 제일 많은 쥬얼리를 제조, 판매하는 곳이 홍콩, 어느 쪽이나 산지가 아니지만 격렬한 비즈니스 경쟁이 전개되고 있는 세계쥬얼리의 중심지이다. 따라서 가격도 한층 저렴해진다.

더 정확히는, 「가격이 안정된다.」 고 하는 것이 좋을지도 모른다. 산지보다 비즈니스 격전지, 격전지보다 원격지遠隔地의 가격이 싸다는 것은, 쥬얼리업계의 상식이다.

그러나 산지에서 싼 쥬얼리는 구할 수 없다고 단언할 수 있지만, 싸게 사는 것이 무조건 좋다는 것은 아니다. 이세시마를 여행한 추억으로 산 진주라는 부가가치는, 그 곳에 가지 않으면 얻을 수 없다. 가격으로서가 아니라 추억에 돈을 지불할 생각으로 산지에서 구입할 것이라면 그것은 또다른 의미있는 구입법이며 결코 부정하지 않는다. 추억은 훌륭한 부가가치이니까.

그럼, 여러분이 흥미를 가지고 있는 다이아몬드는 어디서 사면 싸고 안심된다고 생각할 수 있을까. 만약 일반소비자가 다이아몬드수입업자들이 대규모의 거래를 하는 앤트워프나 뉴욕으로 가도, 일본보다 싸게 살 수 없을 것이고, 그 이유는 이미 말한 대로다. 그리고 이와 같은 이유로 도쿄나 오사카가 가격이 더 싸다는 것이다.

뉴욕이 결코 싸지 않은 것은, 미국시장내 쥬얼리중 80%가 다이아몬드 쥬얼리인 거대한 다이아몬드 소비국이면서, 다이아몬드에 대한 인기가 매우 높기 때문에 가격 폭락이 일어나지 않기 때문이다. 다른 말로하면 수급의 밸런스가 유지되고 있기 때문이다.

세계에서도 손꼽히는 다이아몬드 소비국인 일본은 어떨까? 큰 마켓이기 때문에, 해외딜러가 떼지어 판매하러 온다.

하지만, 경비를 들여 팔러 온 해외딜러에 있어서는 일본은 구매자시장15) 이다. 관세를 내고 일본으로 반입한 상품을 가지고 다시 돌아갈 수는 없다. 터무니없이 깎여버려도 도쿄에서 처리해버리지 않으면 더욱 큰 손해를 본다. 수요보다 공급이 많기 때문에, 내가 쥬얼리일을 시작하고 나서 한 번도 일본에서 다이아몬드가 부족하다는 소리를 들어본 적은 없다. 진주수출로 20년 가까이 매년 뉴욕에 갈 기회가 있었지만 다이아몬드가격은 일본보다 약간 높았다. 진주는 삿포로가 싼 것처럼 다이아몬드는 일본에서 사는 것이 유리하다.

말하는 김에 뉴욕의 다이아몬드 사정에 대해 이야기해 둔다. 전문가인 나뿐만이 아니라 쥬얼리에 관심이 있는 분이라면 뉴욕이라면 다이아몬드가 연상될 것이다.

다이아몬드거리로 불리는 47번가의 빌딩은 최상층까지 다이아몬드에 관련된 오피스로 채워져 있다. 여러 플로어를 전세내고 있는 대기업 딜러도 있으면, 다다미 3쪽16) 정도의 구분된 공간을 빌려 팩스와 휴대 전화만으로 장사하는 업자도 있다.

내 딜러 친구 중 한국계 미국인인 써니라는 여성이 있다. 전에는 콜롬비아에메랄드 전문이었지만 지금은 다이아몬드도 취급하고 있다. 뉴욕 5번가에 접한 빌딩 9층에 그녀의 오피스가 자리잡고 있다. 작년, 10일정도 뉴욕

---

15) 판매자가 많아 구매자에게 유리한 시장 형태. 판매자들이 물품을 팔기 위하여 경쟁을 하므로 시장 형세가 구매자의 의사에 따라 좌우된다. 역자 주
16) 마루방에 까는 일본식 돗자리, 방크기 단위로도 사용된다.
  한 장의 크기가 일반적으로 180×90㎝이다. 역자 주

에 체류했을 때, 나와 거래하고 싶다 하여 오피스를 방문하였는데 엄중한 경비체제에 놀랐다.

우선 빌딩입구에서는, 공항에서나 받는 보디체크를 하고, 짐검사와 신분증 제시가 요구된다. 게다가 경비원이 방문처에게 통과시켜도 되는지 확인할 때까지 기다려야 하고, 엘리베이터를 탈 때까지 감시당하는 형국. 겨우 목적지 입구까지 왔다고 생각했는데 문은 전자 자물쇠이며, 그 문 앞에는 또 다른 문. 두 개의 문은 뒤가 닫히지 않으면 앞은 열리지 않는 구조로 되어 있었다.

간신히 마지막 문을 열어 써니를 만날 때까지, 몇 번 체크를 받았을까. 이런 상황 때문에 일본인 관광객이 다이아몬드 전문딜러에게 물건을 사려고 해도 도저히 목적한 오피스까지 도착할 수 없을 것이다. 관광객은 거리의 쥬얼리숍이나 백화점에서 살 수 밖에 없고, 그곳에서는 내가 아는 한, 가격 폭락이 일어난 적이 없었고, 앞으로도 기대는 할 수 없을 것이다.

해외여행에서 속아 사는 싸구려, 가짜

다이아몬드라면 해외에서 사는 것보다 국내에서 사는 편이 싸다는 것을 알았다 하여도 해외여행을 가면 「선물용으로」 쥬얼리를 사는 경우가 있다. 오스트레일리아에서 오팔, 이탈리아의 카메오, 북유럽의 호박, 동남아시아에서는 루비나 사파이어 등.

여행의 기념품으로 보석(나석)이나 쥬얼리를 사는 것은 나름대로 좋지만, 무심코 기분이 좋아져서 국내가격보다 비싼 가격에 사 버리는 경우가 적지 않다. 또, 「국내에서 사는 것보다 현지가 싸겠지」 라는 안이한 생각도 그것을 뒷받침한다. 사실은 국내 시세도 모르면서.

이렇게 매년, 해외여행자에 의해서 대량의 보석이나 쥬얼리가 국내에 반입되고 있지만, 그 대부분이 보통 아니면 저품질이라고 말해도 과언이 아니다.

해외여행 선물로 주로 구입하는 것이 중량이 꽤 나가는 루비나 사파이어 원석이다. 중량이 클수록 가격은 높아지기 때문에, 관광객에게 큰 나석을 강매하는 것이지만, 이러한 것은 반지로 만들기에는 형상이 너무 크거나 두꺼워 처치 곤란하다. 해외에서 나석을 구입하는 경우는 용도를 생각해 두던지, 용도가 미정이라면 작고 예쁜 것을 고르는 것이 좋다. 보석에서는 크다고 좋다는 것은 아니다. 반품이 불가능한 해외쇼핑은 국내보다 더욱 신중해야 한다.

게다가 가짜나 꾸며진 스톤을 속아 사는 일도 해외에서는 자주 일어난다. 오팔에 흐르는 얼룩 모양을 유색효과라고 부르지만, 그 유색효과를 높이기 위해 검은 옷감을 기초로 한 케이스에 늘어놓거나 스톤의 뒤편에 오닉스판이나 검은 아크릴판을 붙인 것이 많이 있다. 스톤의 색성형에 대한 시비는 제2장에서도 말했지만, 검은 판을 붙이는 것은 받아들일 수 없다.

비취노 조심하라. 미얀마의 길거리에서 자주 보이는 광경이다. 진짜 고가의 비취 옆에 유사한 색의 스톤이 반값 이하로 나란히 있다. 색이나 빛은 같고, 「이 가격이라면 선물로 딱 좋습니다.」라고 손님이 손대기 쉽도록 유혹하고 있다.

그런데 저렴한 스톤은 진짜와 꼭 닮아도, 네프라이트라고 불리는 전혀 다른 물건이다. 비취에는 두가지 종류가 있어 고가의 제이다이트를 경옥, 네프라이트를 연옥이라고 하며, 통틀어 비취라 한다. 네프라이트도 넓은 의미로의 비취임에 틀림없지만, 국내 정직한 가게에서는 그런 장사는 하고 있지 않다. 여행자의 약점을 이용한 악덕상법이다.

비취와는 완전히 별개인 크리소프레이즈[17]도 비취로 팔리고 있다. 크리소프레이즈는 마노瑪瑙의 일종으로, 비취와는 비교도 안되는 낮은 가격으로

---

17) 한국에서도 호주비취라는 이름으로 알려져 있는 호주가 원산지인 마노과의 녹색보석.
역자 주

판매되고 있다.

해외에서 쥬얼리를 사서 속았다고 해도, 그것도 하나의 재밋거리로 웃어 넘길 수 있는 여유가 있으면 상관없다. 그러나, 속은 것을 원망하며 평생 불쾌한 생각으로 구입한 보석을 계속 지닌다면 불행한 일일 것이다.

「해외여행을 갔다가 스톤을 사왔는데 반지로 예쁘게 세팅해주세요.」라며 나의 가게에 반입된 손님들의 보석 중 감탄할 만한 것들은 단지 몇 점에 불과했다. 약 30년동안 오로지 몇 점뿐이었다.

현지에서 보석을 구입하는 것은 리스크가 크다는 것을 염두해라. 리스크를 각오하고라도 경험삼아 사보고 싶다면 한가지만 조언하겠다. 보석용 10배 확대경을 지참하라. 실제로 그것을 사용하여 분별할 수 있는 능력이 될지는 의문스럽지만 적어도 확대경을 꺼내면, 상대는 당신을 조심스럽게 대할 것이다. 어쨌든 해외에서 구입하는 것은 추천하지 않는다.

제 5 장

초대 · 접대 판매의 장단점

어디서 쥬얼리를 사면 좋을지, 선택의 폭은 많다. 백화점이나 쇼핑몰, 수많은 지점을 가진 체인점, 시계나 안경도 함께 취급하는 상가가게, 또 가게가 없는 "보따리상"으로 불리는 개인업자, 쥬얼리디자이너가 직접 경영하는 가게나 공방, 그리고 양판점, 통신판매, 심지어 슈퍼에서도 쥬얼리를 살 수 있게 되었다.

초보자가 사기 편한 곳은 백화점이나 쇼핑몰 정도가 아닐까. 사는 것에 익숙하지 않은 사람에게 쥬얼리숍에 들어가는 것은 조금 주눅이 들지도 모른다. 웬지 모르게 수상하다. 속는 것이 아닐까라며 불안해하는 사람도 있을 것이다.

어디서 사면 제일 좋을지는 쉽게 말할 수 없다. TV홈쇼핑에는 주의가 필요하다고 하였지만, 시간이 없거나 외출을 기피하는 사람들에게는 TV홈쇼핑이 편리하고 좋을 수도 있고, 여성잡지에 실려있는 유명 브랜드제품을 사고 싶으면 백화점이나 명품숍에 가야한다.

어디까지나 개인 취향이지만, 나는 단골가게를 만들 것을 추천한다. 그곳이 백화점이든 거리의 쥬얼리숍이든 상관없다. 자주 방문하여, 주인이나 판매원과 낯익은 사이가 되면 자신의 취향을 어느 정도 알아주고, 수리나 주문도 부담 없이 부탁할 수 있다. 무엇보다도 서로간의 신뢰관계가 생겨 쇼핑이 즐거워질 것이다.

그리고 단골가게가 생기면, 반드시 자택에 DM[18]이 보내진다. 일류호텔에서 행해지는 초대판매의 안내장이 바로 그것이다. 자동차픽업서비스에 호화로운 디너, 기념품까지 선물 받을 수 있어, 여성이라면 누구나 마음이 흔들릴 것이다.

---

18) direct mail : 상품 카탈로그 등을 구입할 가능성이 있다고 보는 개인에게 직접 우편으로 보내는 선전 방법. 역자 주

초대전시회의 이점

　쥬얼리숍이 개최하는 초대판매는 일년에 몇 번 행해진다. 제조업자나 도매업자가 기획하고 이에 소매점이 편승해 여는 것, 소매점이 독자적으로 「친우회」 같은 조직을 만들어, 쥬얼리를 구입할 자금을 적립, 일정액에 도달하면 개최하는 것, 또는 쥬얼리디자이너가 「신작 발표회」라고 하여 패션모델을 내세워 개최하는 것 등이 있다.

　버블 절정기에는 유명탤런트의 디너쇼를 보고 별실에서 판매회, 거기에 쿠타니야키九谷燒19)선물증정까지 하였다. 그 중에는 저명인사를 불러 손님들과 사진촬영을 하거나 유명요리사의 풀코스 디너, 리무진으로 픽업하는 초호화 이벤트도 있었다. 버블이 지난 후에는 다소 수수해졌지만 초대판매회의 기본틀은 변하지 않았다.

　왜 업자는 호텔 연회장을 전세내서까지 초대판매나 접대판매에 애쓰는 것일까? 그 이면에는 단골고객에 대한 서비스라는 의미도 있지만 아무래도 초대전시회장에서는 단시간에 많은 매출이 이루어지기 때문이다. 불과 하루만에 몇 개월간의 매출을 기대할 수 있는 것이 업자에게 큰 매력이라고 할 수 있다.

　따라서 초대전시회장에서 고급스러운 분위기를 연출하기 위해 신중히 기획하고, 출점업자는 다양한 제품을 잘 갖추어, 특별가격의 인기상품을 구비, 판매사원 개개인에게는 매출에 대한 인센티브를 부과하여 전시회에 총력을 다한다.

쥬얼리숍에 있어서는 전시회는 설날과 추석이 한꺼번에 온 것 같은 큰이벤트이다.

　초대·접대판매의 이점을 구체적으로 들면 구매자와 판매자의 신뢰관계가 이미 이루어져 있다는 점, 물건의 디자인이나 완성도를 다른 상품과 비교

---

19) 고가의 유명한 도자기. 역자 주

검토할 수 있다는 점이다. 전술했지만, 업자는 마치 가게전체를 옮겨놓은 마냥 많은 상품을 전시회장에 갖춰놓는다.

게다가 TV홈쇼핑과 달리 실제로 상품을 만지거나 착용할 수 있고 상품설명을 여러 전문가로부터 들을 수 있다. 즉 많은 판매방법 중에서도 초대전시회는 쥬얼리를 사는 장소로서 최적이라 해도 좋을 것이다.

「공주님」 대접의 함정

그러나 이러한 초대판매에도 함정이 있다.

초대전시회장에서 가까운 역에 도착하면 리무진이나 미니버스가 바로 옆에 대기하고 있고 호텔까지 직행.

현관에는 점장이나 판매원이 정중하게 마중나와 전시회장까지 안내해준다. 결혼식에 초대받았을 때나 발을 디딜 수 있는 일류호텔의 화려한 분위기 속, 평소보다 세련된 치장에다가 뽐내고 싶었던 쥬얼리까지 착용하면 기분은 고양되어, 초대객은 그 순간부터 평상심을 잃게 된다.

전시회장에 들어서자, 높은 천장아래 샹들리에의 화려한 섬광들, 그에 맞선 휘황찬란하게 빛나는 쥬얼리, 눈이 휘둥그레질만한 최신 디자인의 화려한 제품들, 여기에 분위기를 고조시키는 BGM이 흐른다면……. 이 모든 것이 고객들을 유혹시키기 위한 것들임을 알면서도 고객들은 공주님 대접에 기분이 고조되어 평상심을 잃을 수밖에 없는 것이다. 이렇게 분위기에 취한 고객에게 능숙하게 점원이 다가와 제품을 추천한다면 어떻게 될지 상상하기 어렵지 않을 것이다.

50대 어느 부인의 예이다. 초대받은 호텔 전시회장에서 담당자가 V자형 다이아몬드반지를 추천해주었다. 다이아몬드가 엇갈려 들어 있는 희귀한 것이지만, 손가락에 끼었을 때의 착용감은 좋지 않았다. 반드시 필요한 제품은 아니었으나 프랑스요리를 대접받은 것도 있고 해서 고민한 끝에 친숙한 담당자의 체면을 세워주기 위해 사 버렸다고 한다.

그런데 다음날 집에서 반지를 다시 착용해봤더니 역시 착용감이 좋지 않고, 모나 있기 때문에 손가락에 어울리지 않아 결국은, 사용하지 않은 채 서랍 속에 넣어 두었다. 반지를 볼 때마다 부수어 다시 만들고 싶지만 더욱더 그 반지에 돈을 쓰는 것은 어리석다는 생각도 들어 결정하지 못하고 있다. 「반지를 볼 때마다 이런 것에 30만엔이나 들인 자신에게 화가 나 죽겠다.」 라는 것이 그녀의 본심이라 한다.

초대전시회에서 이런 경험이 있는 분은 적지 않을 것이다.
담당자의 능숙한 세일즈토크와 와인의 취기에 유혹되어 갖고 싶지도 않은 반지를 친분 때문에 사버린 것은 경솔했다. 손가락에 맞는 사이즈인지조차 판단 못할 만큼 분위기에 압도되어버렸을 것이다. 이를 호화로운 프랑스요리와의 교환이라 생각하며 귀중한 30만엔을 서랍 안에 잠들게 하는 거라 생각해도 이쩔수 없나. 놀이키기엔 이미 늦어버렸다.

다시 말하지만 쥬얼리에는 스토리가 새겨진다. 친분으로 구입한 이 반지에는 처음부터 「분위기에 취해 사버렸다.」 라는 후회의 스토리가 따라다니는 위험성을 품고 있는 것이다. 가까운 가게보다 무가 10엔 싸다고 이웃마을까지 사러 걸어가는 검소한 주부가 초대전시회장에서는 수십만엔이나 하는 쥬얼리를 마음에 들지도 않는데 사 버린다.

여기에 전시판매회장의 무서움이 있다.

충동구매, 사교를 위한 구매, 친교상 구매는 금물

어떤 소매업자에 의하면 전시회장에 오는 초대객들은 본인이 상정한 예산의 3배를 쓴다고 한다. 카드를 이용할 수 있는 탓도 있겠지만 「30만엔까지만 사야지」 하면서도 그만 분위기에 취해 100만엔의 쇼핑을 해버리는 것이다. 그만큼 초대전시회판매는 손님들의 기분을 고양시킨다.

그 중에는 너무나 기분이 고양되어 지불능력을 넘는 쇼핑을 하려는 손님도 있다며, 단골고객의 주머니사정을 잘 아는 담당매니저가 「이 정도로 하시는 게」 라고 조심스레 고객을 말리기도 한다고 들었다.

쥬얼리의 마력인지 여성의 집착심이 강해서인지, 혹은 전시회 주최자가 능숙하게 만들어낸 분위기 때문인지, 어쨌든 전시회장에서 평상심을 유지하는 것은 꽤 어려운 것 같다.

이런 초대전시회의 경우 대부분의 부인들은 혼자가 아니라 2~3명의 친구들과 함께 방문한다. 같이 둘러보며 쇼핑하는 것은 물론 즐거운 일이지만, 일행 중 누군가 멋진 쥬얼리를 구입한다면 나머지 일행 또한 무심코 경쟁심리에 의해 또는 교제목적상 어쩔수 없이 구매하게 되는 경우가 분명 있다. 이러한 구매행위 역시 초대전시회의 독특한 분위기에서 비롯된다.

친구가 50만엔 진주목걸이를 사는 것을 보고 「나는 마음에 드는게 없으니까 오늘은 그냥 구경만 할래.」 라고 단호히 말할 수 있는 사람이 얼마나 있을까. 「친구가 샀으니 나도 뭔가 사야겠어.」 라고 생각하는 것이 여성의 심리이다.

다음은 친구의 권유로 초대전시회에 방문한 어느 60대 여성의 경험담이다.

그녀는 대충 전시회장을 돌아 봤지만 특별히 갖고 싶은 쥬얼리는 없었다. 친구는 잘 아는 점원에게 여러가지 설명을 요구하면서 이것 저것 손가락에 착용해 보았지만 자신은 별로 관심이 생기지 않았다. 그때 친구가 「모처럼 왔는데 당신도 한번 골라봐, 이 반지 너무 어울리네.」 라며 오팔 반지를 추천했다. 가격은 25만엔. 예산범위내였지만 오팔에는 원래 관심이 없었고 거절하려 했지만 친구나 점원 앞이라 거절도 못하고 그만 사 버렸다.

그 반지는 결국 손가락에 제대로 껴보지도 못한 채 나의 가게에 재가공으로 반입되었다.

「이 반지는 제가 샀지만 아무래도 끼고 싶지가 않네요. 뭐든 좋으니깐 다른 디자인으로 다시 만들어 주세요.」 라는 것이다.

조금 엄격히 말하면 이 여성은 어떤 쥬얼리가 자신에게 어울리는지 모르고 있다. 재가공을 한다고 해도 브로치로 할지, 새로운 디자인의 반지로 할지도 결정 못하는 것은 말도 안 된다. 이런 타입의 부인은 의외로 많다. 체면이나 교제상, 차나 식사를 하는 것은 상관없지만, 특히 쥬얼리에 관해서는 금물이라 해도 좋다. 평생 지닐 값비싼 쥬얼리를 한때의 체면이나 순간적인 충동에 의해 구입하는 것은 옳지 않다. 「딱히 마음에 드는 것이 없네.」 라고 자신의 취향을 분명히 주장할 수 없는 사람은 어디서, 무엇을 사든지 후회할 것이다.

허영심에 사로 잡히지 않는다.

남자와 여자 어느 쪽의 허세가 더욱 심할까? 허세의 질이 달라서 간단히 비교할 수 없지만 초대전시회장에서는 여성의 허세가 불꽃을 튀길 때가 있다. 전시회분위기에 들떠 있는데다 평소에는 구경하기 힘든 값비싼 쥬얼리를 착용해 볼 수 있다. 오른쪽을 봐도 왼쪽을 봐도 마음껏 몸치장한 부인만 있으면 투쟁의 열기가 오를 수밖에 없을 것이다. 큰 소리로 자신의 쥬얼리를 자랑하는 중년여성, 살 생각도 없는데 고액의 상품만 착용해보는 여성 등. 「여성의 본성은 허세다.」 라는 생각까지 들 정도이다.

초대전시회의 주최자도 이러한 여성의 심리를 비즈니스에 이용한다. 값비싼 쥬얼리를 어울리는지 여부를 따지지 않고 초대객에게 추천하며, "이쪽 부인은 3백만엔 다이아몬드반지를 구입하셨어요." 라는 식으로 부추기는 것이다. 옆에서 값비싼 제품을 구입하면 경쟁심리로 따라서 구매하게 되니, 그야말로 초대전시회장은 여자의 허세를 보여주는 곳이라 하겠다. 그리고 허세의 상승효과를 주최자는 확실히 판매촉진으로 연결시키고 있다.

허영심에 사로 잡혀 3백만엔이나 하는 반지를 사버린 부인이 이튿날 아침 냉정을 되찾았을 땐 고액의 쇼핑 물품에 아연실색할 것이다. 남는 것은 후회와 카드할부금액. 들뜬 기분으로 허세를 부려 구매한 물건은 결코 싸지 않다.

초대전시회의 함정을 여러가지 말했지만 기본적으로는 초대전시회는 구매자에게는 선택하기도, 구매하기도 적당한 장소이다. 따라서 잘만 이용하면, 마음에 드는 쥬얼리를 만날 수 있는 가능성도 높다. 다음은 지혜로운 고객으로서 초대 전시회장을 이용하는 방법이다.

첫째, 분명한 목적을 갖고 가야한다. 체면이나 교제를 위해 전시회장에 가서, 마음에 들지도 않은 제품을 사지 않도록 주의해야 한다.

둘째, 마음에 드는 제품 몇 가지를 골라, 전시회장에서는 지불하지 않고 예약을 해 둔다. 분위기에 이끌려 구입한 제품일수록 후회하기 마련이다. 하룻밤 자고 냉정을 되찾은 후, 다시 한번 생각하고 구매 결정을 하는 것이 좋다. 전시회장에서는 예약만 해두면 다음날 취소하기가 쉬울 것이다.

셋째, 전시회장에서 제품구입시 가격을 최대한 조절한다. 초대전시회에서는 가격교섭이 가능하기 때문에 충분히 깎아 보라.

넷째, 자신의 취향이나 몸에 잘 맞게끔 변형할 수 있는 제품을 선택한다. 목걸이의 길이는 입는 옷의 목과 가슴의 라인에 맞춰서 길이를 조절하게 되고, 손가락의 사이즈도 나중에 변할 수도 있다. 브로치나 팬던트도 쓰기 좋게 변형하지 못하면 사용할 수 없다. 변형에 든 비용도 계산에 넣어 두는 것이 좋을 것이다. 완성된 상품으로 보지 말고 좋아하는 취향에 맞는 쥬얼리로 재가공할 것도 생각해서 구입하면 실패라 생각해도 단점을 극복해 오히려 좋은 쇼핑이 될 수도 있다.

여러가지 주의점을 말했지만 호텔이나 레스토랑 등에서 열리는 초대전시회는 플러스 사고로 참가하면, 이 만큼 쥬얼리를 선택하는데 좋은 기회는 없다고 말할 수 있다.

선택사항의 폭이 넓은 것, 여러 어드바이저나 전문가의 의견을 참고할 수 있고, 게다가 상품 그 자체를 실제로 손에 넣어 착용할 수 있는 것 등, 통로에서 서서 상품을 고를 수밖에 없는 백화점이나, 한정된 상품 중에서 선택해야 하는 개인 상가에 비하면, 확실히 세심하게 상품 선택을 할 수 있다.

이상의 부분에만 주의하면, 일상생활에서 이 만큼 즐거운 시간을 보낼 수 있는 곳도 없을 것이다.

제 **6** 장

보석 선택은 남자의 일

다음은 결혼 15년차 부인의 이야기이다.

「남편은 크지는 않지만 조그마한 IT관련 회사를 경영하고 있습니다. 평소 마음에 드는 제품이 있으면 남편과 상의하지는 않고 저 혼자 구입하곤 했습니다. 그러다 결혼 15주년 기념일을 앞두고 남편에게 다이아몬드반지를 선물 받고 싶었답니다. 마침, 한창 벚꽃이 예쁘게 필 때라, 남편과 함께 벚꽃 구경을 가면서 쥬얼리숍에 들렀지요. 이런 일은 결혼 15년만에 처음이었습니다. 남편에게 제가 점찍어뒀던 다이아몬드반지를 보여주었더니 "괜찮은 것 같다"라는 성의 없고 짤막한 대답.

그 자리에서 사지는 않았지만 남편이 내가 갖고 싶어 하는 것을 아니까 기념일에 맞춰 선물해주겠지 라며 손꼽아 기다렸지요. 그러나 보름이 지나도 감감무소식. 결국 남편이 집에 있을 때를 가늠해 물건을 집으로 보내달라고 했습니다.」

남편한테 직접 반지를 받고 싶었던 부인과 「계산은 할테니까 알아서 사지」 라고 생각하는 남편. 흔히 경험하는 부부사이의 엇갈림이라 여기면 그만이지만, 나에게는 일상생활 속에서 쥬얼리가 얼마나 가벼운 취급을 받고 있는지 상징하는 이야기같아 참을 수 없다.

원래 쥬얼리는 애정이나 동족의식의 굴레로 사용되어 왔다. 사람과 사람의 굴레를 쥬얼리에 담고, 이는 영원한 사랑의 증거가 되어, 굴레는 더욱 더 강하게 된다. 손가락에 낀 반지를 볼 때마다 사랑하는 사람이 생각난다. 여성이라면 그러한 믿음이 안심이 되는 것을 본능적으로 알고 있을 것이다.

또, 그것이 애정표현에 가장 효과적이라는 것을 아는 남자들은 쥬얼리를 선물함으로써, 변덕스러운 여자의 마음을 붙잡으려고 해온 것이다. 영원한 사랑따위는 꿈이나 환상이라고 알고 있어도 남자는 여자에게 쥬얼리를 보내 영원한 사랑을 맹세, 여자는 여기에 자기 마음을 담아 왔다. 옛부터 쥬얼리를 통해 남자와 여자의 이러한 관계가 이어져 온 것이다.

　남성과 여성 중 어느 쪽이 더욱 뛰어난 심미안을 갖추고 있을까? 대부분이 「여성」일 것이라 생각하지만 나는 「남성」 쪽에 손을 들고 싶다. 연마 및 가공할 때의 섬세한 기술, 디자인이나 색상조화 그리고 쥬얼리가 착용하는 사람과 잘 어울리는지 등등 쥬얼리 특유의 섬세한 감각과 기술을 판별하려면 사실 남성의 냉정한 판단력이 여성보다 뛰어나다고 생각한다. 그래서 쥬얼리를 살 때는 남자와 함께 하는 것을 권한다.

　쥬얼리는 여성을 표현하는 또 다른 신체이며, 감성의 연장이다. 이러한 쥬얼리 구입에 있어서 제품과 가격이 합당한지, 각자의 개성과 라이프스타일에 잘 맞는지 고려해야한다. 이때에는 당신을 가장 잘 이해하고 있는 가족이나 친구 특히, 남편이나 파트너의 어드바이스가 효과적이다.

　쥬얼리를 고를 때, 가족과 공용으로 사용하는 냉장고, 자동차 등과 달리 쥬얼리는 각 개인의 소유이며 착용되는 것이기에, 긱자의 기호에 맞게 직접 작용해보며 구매하는 것이 가장 좋은 방법이다. 그러나 본인의 구매 감각에 자신이 없다면 다른 사람의 도움이 필요하다. 이 때 당신의 신체적 특징, 어울리는 색상, 디자인 등 전체적으로 잘 판별하며 구매에 도움이 될 수 있는 사람이 바로 남성파트너이다.

　나의 경험상, 남성이 여성의 전체적인 스타일에 맞는 쥬얼리를 보다 적절하게 고른다. 아무래도 여성을 미의 대상, 이성의 관점에서 보다 냉정하게 객관적으로 볼 수 있기 때문이다.

　또, 여자끼리 쇼핑을 하다보면 무의식적으로 라이벌의식이 작용하여 제품의 품질이나 착용감에 대한 판단이 흐려지기 쉽다. 앞장에서도 언급한 바와 같이 초대판매회장에서의 즉흥적인 구입은 바로 동성끼리의 라이벌의식이 부정적으로 작용한 예이다.

　반지나 목걸이를 구경하거나 착용하다보면 겉모습에만 마음이 뺏겨 제품의 가공기술, 소재 등 세세한 부분까지는 미처 신경쓰지 않게 된다. 여성들은 겉모습과 가격에 현혹되어 쥬얼리를 구입해버린다. 반지 안쪽의 섬세한 가공부터 제품에 대한 세부설명을 하여도 대부분의 여성에게는 소귀에 경읽기이다. 반대로 남성들은 눈이 빛나며, 제품에 대하여 더욱더 깊이 파고든 질문을 한다.(물론 이는 착용하는 여성에게 관심이 있는 경우에 한하지만)

선물 받는 기쁨

　남성파트너와 함께 쥬얼리를 사러 가야하는 또 다른 이유는 여성으로서 파트너가 무언가를 사주는 것은 가장 기분 좋은 일이며, 우월감과 만족감을 채워주는 일이기 때문이다.

　결혼 15년차 부인 이야기를 다시 생각해보자. 평소에는 종종 혼자서 아무렇지 않게 쥬얼리를 구입하였던 부인이었으나 15주년 결혼기념반지만은 남편에게 직접 선물받고 싶어하였다. 그래서 꽃구경을 핑계 삼아 나온 외출길에 남편과 쥬얼리숍에 들른 것이다. 누가 쥬얼리를 샀는지, 이것이 중요하게 작용한다. 남편과 아내 어느 쪽이 구매하던지 집에서 돈이 나가는 것은 같지만, 남편이 사주는 것과 본인이 직접 구입하는 것에는 큰 차이가 있다.

　남편이 선물해준 쥬얼리에는 결혼 15주년 선물로 사줬다는 기분 좋은 스토리가 새겨지고, 한층 더 좋은 스토리를 낳아 갈 것이다. 남자는 쥬얼리를 통해 애정표현을 하고, 여자는 그 마음을 쥬얼리에 담아서 남자에게 마음을 맡긴다. 소설이나 영화 속뿐만이 아니고 동서양을 불문하고, 옛부터 실생활 속에서 일상적으로 행해지고 있는 일이다.

　남녀 사이의 사랑의 눈뜸, 약혼, 결혼, 분쟁, 이별 그리고 관계회복이나 재혼 등, 여러 장면에서 쥬얼리가 이루는 역할은 크다. 쥬얼리는 단지 여성들의 멋부림이나 자기표현을 위해서만 쓰이는 것이 아니라 남녀간의 관계를 더욱더 강하게 각인해 나가는 것이라고 알 수 있다. 남자로부터 여자에게 주어진 쥬얼리에는 보낸이의 애정이 새겨져, 파워풀한 스토리를 이어갈 것이다.

그러나 대부분의 남성들은 이러한 쥬얼리의 영향력을 잘 모르기에 안타깝다.

단지 하나의 반지가 여성의 마음을 붙잡아 둘 수 있고, 작은 브로치라도 운명을 바꿀 힘을 가지고 있는데. 「받는 기쁨」, 「주는 기쁨」을 연출하는 센스와 배려가 서양남성들보다 부족하다기보다 「남자에게 쥬얼리 따위는 관계없다」라고 생각하는 남성들이 대부분인 것이다. 그러나 본인들의 뛰어난 심미안을 살리고, 파트너의 쥬얼리를 고르는 것은 의외로 쉽고 즐거운 일이다. 그 즐거움을 파트너와 공유한다면 더욱 멋질 것이다.

대부분의 남성들이 의외로 소심하다. 갑자기 본인이 먼저 쥬얼리숍으로 파트너를 이끌고 가긴 어려울 것이다. 여성들이 먼저 적극적으로 쥬얼리숍으로 남성들을 이끌어 주었으면 한다.

그늘진 처지의 물건의 운명

"쥬얼리는 남자와 함께"라고 하였지만 「쥬얼리를 몰래 사서 몰래 착용하는 것이 짜릿하다.」라는 고객도 있다. 「밤이 깊어지고 모두가 잠든 조용한 시간, 몰래 나만의 보석상자를 열면, 시간의 흐름도 잊고 나만의 상상세계에 빠져버린다.」라는 단골고객도 있다. 그러한 고객들을 자주 보아왔기 때문에 여성들은 쥬얼리를 비밀로 하는 것 그 자체에 기쁨을 느끼나보다고 생각될 때가 있다.

세상에는 각기 여러 사정에 의하여 당당하게 공개적으로 살 수 없는 은밀히 거래되는 쥬얼리들이 있다. 돈의 출처를 비공개를 원할 때, 특히 세무서에 알려져서는 안 되는 뒷돈이나 비자금 등에 의하여 영수증, 판매기록 그 어느 것도 남기지 말아달라고 요구받는 경우가 있다. 또한 이웃, 동료가 알게 되면 난감하다던가, 친척뿐만 아니라 가족이나 남편에게도 비밀로 하고 싶다는 고객도 있다.

일본에서 독일산 쥬얼리를 판매하는 베른할트 슝트씨가 개업한지 1년쯤 지났을 때, 독일에서는 상상할 수 없는 일본여성고객들의 행동에 놀라 다음과 같이 지적하였다.

「고객들이 쥬얼리를 너무 험하게 사용하더군요. 소중한 쥬얼리를 착용한 채 취사, 세탁, 골프를 하는 것을 보면, 충격에 약한 쥬얼리가 혹시라도 금이 가거나 손상 되지 않을까 걱정됩니다. 또한 의외로 많은 분들이 쥬얼리를 남편에게는 비밀로 하며 구입하시는데, 배우자가 어떤 반지를 착용하는지도 알아차리지 못하는 남편의 무관심함에는 할 말이 없습니다. 독일에서는 다 상상조차 할 수 없는 일들이라...」

남편이나 가족에게 비밀로 구입한 쥬얼리는 어떤 사정이든 몰래 사용할 수 밖에 없다. 처음부터 떳떳하지 못한 그늘진 처지의 스토리가 새겨진 쥬얼리는 당당히 햇볕이 든 장소에 나올 수 없는 운명을 떠맡게 돼버린다. 소재나 제작기술이 아무리 훌륭해도 자유롭게 드러낼 수 없으면 쥬얼리로서의 파워는 계속 봉인된 상태이다.

진열장이나 보석상자에서 꺼내 손이나 몸에 착용한 순간부터 쥬얼리는 착용하는 사람과 함께 호흡하기 시작한다. 남 앞에 나갈 수 없는 그늘진 처지의 물건을 몸에 지니고 있으면, 소유자도 떳떳하지 못한 기분이 되고 조곤조곤 행동하게 되어 버린다.

어떻게든 갖고 싶은 쥬얼리라면 「남편에게 비밀」은 금물이다. 어떻게든 갖고 싶은 것이야말로 당당히 가슴을 펴 착용할 수 있게끔 남편과 함께 사야 한다. "장롱 속 물건"이 되어 버리는 쥬얼리를 하나라도 없애기 위해서도, 새로운 트러블을 없애기 위해서도이다.

가족에게 비밀로 구입한 쥬얼리에는 트러블이 따르기 마련이고, 오랫동안 쥬얼리업계에 종사해온 나도 여러 장면을 보고 왔다. 남편에게 비밀로 쇼핑을 하고 싶은 고객인지 아닌지 매장에서 바로 분별이 되면 트러블을 피할 수도 있지만 혼자 들어오는 여자가 압도적으로 많은 쥬얼리숍에서 일일이 「이 쇼핑은 남편에게는 비밀인가요?」 등은 물어 볼 수 없다.

어떤 50대 단골 부인의 일화이다. 이 부인은 처음 숍에 왔을 때 루비반지를 구입하였다. 다음 방문때는 다이아몬드가 세팅된 플래티늄 반지와 팬던트를 구입하며 첫 구매시와 마찬가지로 현금으로 지불하였다. 그 후로도 자주 숍에 방문하면서 종종 사적인 대화도 나누게 되어 그 고객의 주소와 연락처 등을 잘 알고 있었기에 어느 때 부터인가는 신용판매로 상품을 팔게 되었다.

나와 같은 개인상점에서는 지불 시 현금, 카드 외에 신용판매도 한다.

신용판매란 몇 차례 거래를 통해 구매자를 신용할 수 있다고 판단하면 외상매출로 물건을 팔고 결제를 나중에 하는 방식이다. 그 부인은 이러한 신용판매로 매달 정기적으로 나누어 결제하였는데 어느 순간 결제가 멈추더니 2개월이 흘렀다.

그래서 몇 번 독촉전화를 걸었더니 이런 대답이 되돌아 왔다.

「남편에게 비밀로 사고 있기 때문에 알게 되면 곤란해요. 더 이상 전화는 하지 말아줘요.」 이쪽이 오히려 야단을 맞아 버렸다. 결국 남편이 알게 되어, 잔금은 지불해 줬지만 이 고객과는 인연이 끊어지고 그녀에게 건너간 상품들에는 「트러블이 생겼다.」 라는 한심한 스토리가 새겨져 버렸다. 그녀 자신도 남편과의 관계가 나빠졌을 것이며, 이 거래로 만족한 사람은 아무도 없다. 「손님에게 파워를 줄 수 있도록」 바라고 보낸 쥬얼리에는 싫은 추억만이 달라붙어, 이 거래에 관계된 사람에게는 거북한 느낌만이 남아 버린 경우였다.

또 외상매출이 남은 채로 입원해 버린 부인의 경우는 남편이 「나는 그런 쇼핑에 대해서 듣지도 못했어, 집사람이 마음대로 한 거니까 관계없다!」라고 거절해 버렸다. 반복되지만 이러한 경우 이득을 보는 사람은 아무도 없다. 판매자는 손님을 잃을 뿐만 아니라 가게 측에 과실은 없는데 나쁜 소문이 날 가능성조차 있다. 무엇보다도 팔린 쥬얼리가 어떤 취급을 받고 있을까 생각하면 암담한 기분이 된다.

수줍어 하는 일본남자들

본래 여자들의 좋은 어드바이저가 되어야 할 일본남자들은 「쥬얼리에 대해 지식도 없고 관심도 없는 것이 미덕」이라고 생각하는 것 같다. 어떤 의미에서 일본남자의 쥬얼리에 대한 무지와 무관심이 일본쥬얼리문화를 빈약하게 만들고 있는 것이 아닐까?

커플이 같이 가게에 들어와도 상품을 고르는데 적극적인 남자들은 극히 적다. 대부분은 조용히 보고 있든지, 심심한 듯 점내를 둘러보고 있다. 요는 「마음대로 해」라는 태도를 노골적으로 나타내, 말참견을 하지 않는 것이 남자라고 믿어 버리는 것이다.

그런 동반자와 함께 있으면 여자도 천천히 물건을 고를 수 없고 「오늘은 천천히 볼 수 없으니, 나중에 혼자 다시 오겠습니다.」라고 해버린다.

그래도 함께 가게까지 들어오는 남자는 그나마 나은 편일지도 모른다. 차를 가게 앞에 대놓고도 내리지 않고 기다리거나 미리 약속시각을 정해 놓고, 따로 행동하는 남자조차 있다. 부인의 쥬얼리를 같이 고르는 일은 남자의 체면문제라고 생각해서인지 단지 수줍어하는 건지.

여자들이 왜 쥬얼리를 몸에 지니는지를 일본 남자들은 전혀 이해 못한다. 여성은 외모를 꾸미거나 다른 여자에 대한 허세로 쥬얼리를 착용하는 것은 아니다. 만약 그 때문이라면 자신의 약점이나 부족한 부분을 커버하거나 못생긴 부분을 숨기기 위해서이며 이런 고식적 수단은 남에게 금방 밝혀진다. 사람이 쥬얼리를 지니는 것은 자신의 삶을 자연스럽게 표현하기 위해서이다.

소유자의 인생이 새겨져 가는 것이 쥬얼리인데 일본남자들은 부인이 언제 어디서 어떻게 쥬얼리를 구입했는지는 물론, 어떤 쥬얼리를 가지고 있는지조차 아는 바 없다. 그리고 이런 남자들의 무관심을 이용해 여자들은 남편에게 비밀로, 열심히 쥬얼리를 사고 있는 실정이다.

몰래 구입한 쥬얼리에서 좋은 스토리가 태어날 리도 없고 파워를 발휘할 수 없는 것은 이미 말했던 대로이다.

물론 이것은 남자측만의 문제가 아니라 여자 측도 생각이 짧았던 것이다. 부인들에게 한마디 하자면 파트너에게 선물받을 때는 남자를 상품선택의 주인공으로 연출해야 한다. 결혼전에 교제기간, 신혼 때뿐만이 아니라 손자의 얼굴을 볼 때까지 계속 그렇게 해줬으면 한다. 남자에게 받은 쥬얼리는 한층 높은 파워를 낳을 것이기 때문이다.

쥬얼리를 고르는 것을 귀찮게 생각하는 남자는 평생 여자마음을 모르고 끝나 버릴지도 모른다. 쥬얼리는 스스로 사는 것보다 받는 편이 기쁜 것이다. 선물한 사람과의 스토리가 깊게 새겨진 쥬얼리야말로, 소유자에게 용기와 힘을 준다. 이것이야말로 쥬얼리의 틀림없는 파워이다.

일본 남자가 파트너의 쥬얼리에 더욱 더 관심을 가지게 되면 일본의 쥬얼리문화는 현격히 높아질 것에 틀림없다. 일본남자들의 미적 감각과 물건의 정확도를 간파하는 능력이 제조업자 측으로 반영되면 작품의 품질은 당연히 높아질 것이다. 사람들의 눈이 엄격해지면 제작자도 느긋하게 있을 수 없고 디자인이나 기술에 격전을 벌이게 되어 시장에 나도는 상품은 확실히 품격이 높아질 것이다.

작은 장식의 비밀

「그래도 이제 와서 아내의 비위를 맞추어도 별로 이득도 없고...」
이런 불평이 나올지 모른다.

여기서, 화재는 다르지만 목걸이 장식에 대해 이야기를 해보자. 목걸이장식은 거의 목 뒤쪽에 있고 당기는 고리식이나 후크를 거는 타입, 판스프링을 밀어 넣어 걸리게 하는 장식이 일반적이고, 대체로 클래스프clasp[20]라고 부르고 있다.

이 클래스프는 유럽식과 일본식에는 큰 차이가 있다. 일본의 클래스프는 앞뒤가 있고 진주목걸이용은 앞면에 작은 진주가 붙어 있거나 꽃무늬 모양으로 되어 있는 것이 많고, 뒷면은 직접 피부에 닿아도 위화감이 없도록 매끄럽고 평평한 디자인이다. 이것에 비해 유럽식은 럭비공이나 축구공처럼 구체이며 앞뒤가 없다.

어느 쪽이 우수한지는 한마디로 말할 수 없지만 진주목걸이에는 둥근 유럽식이 합리적이라고 생각한다. 즉 뒤집혀도 앞뒤가 없기 때문에 일본식 클래스프처럼 목 뒤쪽에서 뒷면이 보이는 일이 없다. 일본사람 독특한 미의식 때문인지 쓰기 편해선지 혹은 클래스프 메이커의 속사정 때문인지 알 수 없지만, 본인도 모르는 사이 목 뒤쪽 장식이 뒤집혀 있다면 착용자에게도 보는 사람에게도 좋지 않을 것이다.

또 하나의 차이는 클래스프의 크기이다. 독일이나 이탈리아에서 사용되는 장식은 대체로 작고, 일본 부인들은 좀 더 큰 장식을 선호한다. 한번은, 독일보석상에게 더 크고 사용하기 편한 장식을 사용하지 않는지를 물어보았는데 「장식은 크면 본체와의 일체감이 무너지고, 뒤에서는 잘 보이는 부분이기에 세련되고 귀엽게 만드는 거예요.」 라고 말했다.

「그래도 작은 것은 사용하기 불편하지 않을까요?」 라고 따져 물었더니 「우

20)clasp[장식] : 목걸이를 연결시키는 장치. 역자 주

리나라에서는 팔찌나 목걸이는 일부러 남편의 손을 번거롭게 하기 위하여 만들고 있습니다.」 라는 대답을 들었다. 손재주가 있는 여자라도 작은 장식을 혼자 착용하는 것은 번거롭다. 이 때, 남편이 할 일이 생기게 된다. 「당신, 이것 좀 뒤에서 도와줘요」 라는 한마디로, 어젯밤 부부싸움의 응어리도 풀려 버리는 것이다. 혼자서는 착용하기 어렵게 클래스프를 작게 만든다. 얄미울 정도로 멋진 연출이 아닐까.

제 **7** 장

소매업자의 착각

　지금까지는 쥬얼리구매에 있어 주의점 및 문제점을 주로 소비자 입장에서 언급하였는데, 이와 반대로, 판매자측에도 문제가 있다는 것은 말할 것도 없다. 따라서 이 장에서는 관점을 바꿔 소매업자의 문제점을 밝히려고 한다. 점점 개성을 중요시하며, 다양성을 추구하려는 소비자에 맞게 소매업자 역시 발빠르게 변화에 대응하여야 함에도, 소매업자는 제조업자나 도매업자가 납입하는 상품을 그대로 늘어놓기만 하며 진열, 판매하고 있기 때문이다.

　소매업자는 영어로 retail라고 한다. 원래는 「큰 것을 작은 것으로 잘라 판다.」라는 뜻이다. 즉 소매업이란 말단의 상행위를 반복하는 비즈니스를 말한다.

　따라서 소매점은 고객의 요구를 받아들이고 그것을 상품화에 활용하는 것이 요구된다. 그리고 쥬얼리숍이 고객의 요구에 대응하려면 방대한 종류의 기성품을 가지고 있을 필요가 있다.

　요즘 쥬얼리리폼을 하는 소매점이 눈에 띄게 많아지는 것도 다양해진 소비자 요구에 맞게 변화해야하기 때문이다. 이제 보석소매점은 말단에서 소매품의 판매만 반복하는 retail만을 할 수 없게 되었다. 제조업자, 세일즈맨, 도매상으로부터 구매한 물건을 늘어놓고 판매하는 비즈니스형태로는 대응할 수 없게 되었고, 쥬얼리의 모델체인지라든지 형태변경[21]이라는 비즈니스가 쥬얼리숍의 주된 일이 되고 있다. 쥬얼리숍은 쥬얼리프로듀서, 또는 코디네이터 장르의 일을 하게 되는 현상이 일어나고 있다.

　점원만 있으면 물건이 팔렸던 시대도 있었지만 적극적인 개성표현과 다양해진 여성들의 요구를 충족시킬 수 있는, 보다 전문적인 지식을 갖추고 능숙하게 상품설명을 하지 못한다면 고객의 신뢰를 얻을 수 없게 되었다. 교묘한 세일즈토크나 뻔히 보이는 아첨, 돋보이는 디스플레이나 어색한 연출만으로 구매가 이루어지는 시대는 끝난 것이다.

---

21) 원문에서는 フォルム替え(Form change) . 역자 주

손님의 신호를 받아 들인다

쥬얼리 소매현장은 상품화된 작품이 가장 "긴장"하는 공간이다. 무대의상을 몸에 걸친 배우가 무대에 서는 것처럼, 처음으로 진열장에 전시된 쥬얼리는 홀로 손님들의 반응을 받아들여야한다. 제작자, 판매자, 디자이너나 기획자 등 그 자리에 없어도 원석의 구매로부터 마무리세공까지 이 제품을 거친 모든 사람들의 노력이 한데 묶여 시험받게 된다.

그러나 그 사람들의 역량이 시험받는다 해도 실제 현장에서 그 상품이나 판매에 대해 책임지는 것은 소매업자이다. 손님은 진열장안의 물건을 손에 들어 잘 보면서, 그 가치를 짐작하거나 가격을 저울질하곤 한다. 또 디자인이나 완성도의 좋고 나쁨, 사용하기 편한지 등을 검토해 살지 안살지의 판단을 내린다. 때로는 우롱당하고 조소받아, 한순간에 거절당하는 상품도 적지 않다. 소매업자에게 있어서는 상품과 함께 자신이 시험받는 순간이기도 하다.

구매심리의 관점에서 보면 구매자는 자신의 취향에 맞는 상품을 찾아낼 때까지 주로 소거법으로 선택한다. 이것은 싫어요, 이것은 안된다는 식으로. 현장에서 구매자와 마주치는 소매업자는 소비자가 상품을 마음에 들지 않아했거나 조소하는 기색으로 비판했을 때 괴롭다. 그러나 이때 상황을 냉정하게 분석하고 거절당한 물건이 구매자의 개인적인 기호문제인지, 혹은 상품 자체에 어떤 하자가 있는지 체크해야 한다. 거절신호는 플러스정보라고 생각하며 적극적으로 받아들여서 소비자요구나 개선사항에 관한 모든 정보를 제조업자에게 피드백하면, 보다 좋은 상품을 낳을 수 있을 것이다. 특히 쥬얼리를 만드는 기술자에게 소비자의 반응을 전하고 그것을 활용하면, 한층 더 손님요구에 맞는 좋은 물건이 완성될 것이다. 이 흐름은 보석뿐만이 아니라, 모든 분야에 어느 정도 공통되는 사항이다.

방심해온 제조업자

그런데 현실은 소매점에서의 요구가 제조업자측으로 좀처럼 흐르지 않는다. 제조업자는 말단소매점 사정에 귀를 기울이지 않는 경우가 많다. 제조업자는 다스나 그로스단위의 큰주문이 아니면 귀를 기울이지 않는다. 이런 것도 채산성을 생각하면 단품생산까지 일일이 신경써서는 이익이 나오지 않기 때문에 제조업자의 일은 아무래도 양산품에 중점을 둘 수 밖에 없다. 양산품은 단가를 내릴 수 있고, 재주문을 받는 것도 가능하다. 그래서 제조업자는 양산 가능한 쥬얼리를 생산하게 되어 버리는 것이다.

이런 사정 때문에 쥬얼리숍에는 제조업자로부터 납품되는 일률적 기획양산품이 진열되어 있다. 그것을 쉽게 받아들인 소매점은 그냥 묵묵히 구매한 상품을 판매하게 되고, 그것을 사는 소비자는 타협할 수 밖에 없다. 쥬얼리 제조업자는 소비자의 타협안에서 안주하며 경영해 왔다.

그러나 요즘 소비자들은 "타협"하지 않는다. 제조업자가 제공하는 쥬얼리와 소비자가 요구하는 것 사이에는 엇갈림이 생기고 있다.

제조업자로부터 소비자에게의 일방적인 흐름을 바꾸고, 소비자요구를 제대로 받아 들여 그것을 쥬얼리디자인에 활용하기 위해서 소매점의 역할이 매우 중요하다. 소비자의 목소리를 직접 들을 수 있는 것은 소매점이다. 소비자요구를 최대한 꺼내고, 상품화하는데 활용하는 정보의 발신기지가 소매점. 즉 소매업자야말로 쥬얼리문화를 만들어 내는 중요한 요인인 것이다.

최종 사용자의 요구로부터 디자인을 창출하고, 제조업자나 기술자를 유도해 나간다. 이 흐름을 주류로 하지 않으면 쥬얼리수준은 유럽이나 홍콩의 모방으로부터 벗어나지 못할 것이다.

쥬얼리를 만드는 것은 제조업자, 소매점으로 납입하는 것은 도매업, 소매점은 소비자에게 판매해, 소비자는 그 중에서 살 수 밖에 없다는 구도가 일반적인 쥬얼리비즈니스이다.

이 구도안에 일본쥬얼리가 유럽이나 다른 아시아국가보다 뒤떨어지는 원인이 있다는 생각이 든다. 쥬얼리문화를 풍부하게 하려면 이 흐름을 바꾸지 않으면 안 된다.

국제보석전시회(일본)의 문제점

독자 중에는 「국제보석전시회」를 아는 분도 많을 것이다. 도쿄나 고베에서 열리는 쥬얼리전시회이고 제조업자나 도매업자가 주최하는 이벤트이다[22]. 과거에는 제조업자가 기획제조한 상품을 직접 또는 유통업자를 통해 소매점으로 납입해 왔지만 요즘에는 국제 보석전시회라는 대대적인 이벤트를 개최하여, 소매점에 판매하는 것에 중점을 두게 되었다.

이 「국제쥬얼리전」이 소비자의 요구를 무시하는 쥬얼리업계의 체질을 여실하게 나타내고 있다. 모든 문제의 원흉까지는 아니라도 개인적으로는 이렇게 문제가 많은 것도 없다고 생각한다.

우선, 전시회는 제조업자나 도매업자, 기획 사가 주체가 되어 개최하기 때문에, 소매점은 어디까지나 초대를 받아 참가하는 입장이다. 그래서 이벤트기획이나 상품내용에 소매점이 참견할 수 없다. 당연히 전시되어 있는 상품도 소비자나 소매점의 요구로 기획된 제품이 아니고, 제조업자의 주도로 만들어진 상품밖에 없다. 제조업자의 사정대로 상품을 늘어놓았기 때문에 소비자가 요구하는 물건과는 괴리되어 버리고 있다.

이것과는 대조적으로 국제쥬얼리쇼로서 가장 역사 있는 뉴욕의 JA쇼는 철저히 소매업자를 위한 행사이다. 수십년전 내가 입장하려고 업무용 명함을 내고 들어갔더니 수입업자인 업무항목이 명함에 새겨 있었기 때문에 입장시켜 주지도 않았다. 첫날과 이튿날 들어갈 수 있는 대상은 소매업자뿐. 마지

---

22) 국내에도 서울에서 매년 4월에 열리는 국제전시회가 있다. 역자 주.

막 날만 유통업자나 무역상이 입장할 수 있다는 엄한 규정이 있었다.
JA쇼는 소매업들이 소비자가 원하는 정보를 제조업자에게 전해주는 기회이며 소매업자가 중심이 되어, 소비자의 요구를 전달하는 장소이다.

그런데 일본국제쥬얼리전은 어떨까. 쥬얼리업자뿐만 아니라 학생이나 쥬얼리에 관심이 없는 사람까지 티켓만 가지고 있으면 입장할 수 있다. 한층 더 관객을 위해서 유명탤런트를 초청해 베스트○○상이라고 칭해 그들에게 수백만엔의 쥬얼리를 증정하기에 이르러서는 주최자의 도덕성에 의심이 간다.

세계 주요도시에서 국제쥬얼리전이 열려 방콕이나 홍콩, 상하이 등 아시아 각도시의 쥬얼리쇼도 활발해지고 있다. 그러나 어느 전시회에서도 탤런트에게 수백만엔이나 하는 쥬얼리를 쥐버리는 일은 하지 않는다. 수익의 일부를 유니세프를 통해 기아로 시달리는 아이들에게 기부하기도 한다. 이 차이는 어디서 오는 것일까.

일본의 국제쥬얼리전은 제조업자나 유통업자를 위한 재고처분장소가 아닐까 의심되는 상품들이 진열되거나, 혹은 공방작가들의 즉석매장이 되어 있다. 출전회사수와 관람객수가 많은 것만을 자랑해 유명탤런트로 흥행을 도모하는 가식적인 기획으로는 분별있는 소매업자가 떠나가는 것은 시간문제이다.

국제보석전시회라고 이름 붙여진 관계상, 해외에서도 업자들이 오고, 그들은 그 나라의 부스에서 신상품의 소개에 힘써, 내장자의 반응을 긴장하면서 받아들이고 있다. 그들은 세일가격을 붙이거나 부도난 상품을 늘어놓고 이중가격이나 디스카운트로 가격조작을 하며, 머리띠나 하피法被23)모습으로 축제처럼 소란을 피우는 일본부스를 어떻게 볼까. 자긍심을 가진 일본소매업자에게 있어서 이런 광경을 보는 것은 굴욕적인 일이다.

---

23) 法被 : 일본의 축제때 남자가 입는 웃옷

　나는 30년 가깝게 쥬얼리숍을 경영해 왔지만, 되돌아보면 좋은 일보다 실패만이 생각난다. 장사의 어려움은 어느 업종에서나 같겠지만 쥬얼리숍 특유의 어려움도 있다. 소매업자는 변변치 않은 내 경험에서 얻은 노하우를 참고해 주었으면 하고, 소비자는 소매점입장에서 쥬얼리숍을 보고, 여러가지 납득할 수 있는 부분도 있지 않을까 해서「소매업자의 마음가짐」을 들어보겠다.

1.「판매지상주의」는 문제.

　가만히 있어도 팔리지 않고, 너무 말이 많아도 싫어한다. 고객응대 및 접대법에 대한 완벽한 매뉴얼은 없다. 하지만 적어도 진열장에 있는 상품에 대해서는 고객보다 지식이 없으면 안 된다. 소재, 디자인, 제작기술이나 코디네이터에 이르기까지, 모든 정보를 숙지해 두면 손님을 정확하게 이끌 수 있다.

　나고야의 어느 백화점에 있던 50대 판매원의 이야기다. 그녀가 매장에 나오기만 하면 플로어 전체가 밝아져 활기를 띤다고 할 만큼, 활기찬 목소리의 직원이었다. 눈에 띄는 존재인만큼 당연히 매상도 다른 판매원들보다 월등했다. 그녀는 힘 있는 목소리 뿐만이 아니라, 자신있는 대화로 손님의 주위를 끌고 머리스타일이나 옷차림 등 어딘가 손님의 멋진 부분을 찾아내 반드시 칭찬했다. 기분이 좋아진 고객은 저절로 지갑을 열게되는 식이다. 그 판매력은 소문이 나 다른 백화점에서 스카우트하려는 일도 있을 정도였다. 그러나, 이러한 그녀의 판매법에도 부작용은 있었다.

　매상이 많은 것에 비례해 반품이나 불평 건수도 많았다. 찬사에 그만 흥분해 사버렸지만 집에 와서 냉정하게 보면 갖고 싶은 상품은 아니었던 것이다. 이와 비슷한 사례는 이미 본서에서도 소개했었다.

소매점에 있어 가장 우수한 사원을 꼽으라면 당연히 가장 높은 매출을 기록하는 직원이다. 약간의 트러블이 생겨도, 큰일이 되지 않은 한 바람직한 판매원이라는 것이다. 회사는 실적을 올리기 위해서 계속 팔라고 사원교육을 하겠지만 단지 팔기 위한 찬사나 현혹성 접객은 손님을 혼란시키고 나아가서는 가게의 신용문제가 될 수도 있다.

무조건 팔면 된다는 교육은 착각이다. 손님이 제공하는 정보를 정확히 파악해 요구에 맞는 쥬얼리를 제공할 수 있도록 교육해야 한다.

2. 제조업자에 의지하지 않는다.

소매업자와 제조업자의 소비자요구에 대한 피드백이 중요함을 지적하였지만, 이는 좀처럼 실행하기 어렵다. 이유 중의 하나는 소매점의 대부분이 제조업자나 도매상한테 상품을 빌려 비즈니스를 하고 있기 때문이다. 제조업자로부터 위탁형태로 상품을 맡아, 팔린 물건만 결제한다. 또, 제조업자가 기획한 호텔에서의 행사로 소매점의 손님들을 초대해 매상의 일부를 수수료로 받는다. 혹은 이벤트기획사에 집객부터 상품조달까지 맡기고, 소매점은 가게의 고객명부만 제공해 행사를 실시한다.

제조업자 주도의 이러한 판매는, 소매점에 있어서 팔리지 않는 상품을 확보해야 하는 리스크를 피하는 의미에서는 좋을지도 모른다. 그러나 이 판매형태에서는 소매점은 제조업자의 방식에 따를 수 밖에 없고, 자주성은 전혀 없다 해도 과언이 아니다.

도매상이나 제조업자의 직원들이 즉석판매원이 되어 전시판매상품부터 광고내용까지 이벤트기획사가 맡아 처리하는 특별전시장에서는 소매점과 고객과의 밀도 높은 교류나 정보교환은 바랄 수도 없다. 이런 식으로 제조업자에 의지하는 소매점에서 소비자가 감동받을만한 쥬얼리를 만나는 것은 불가능할 것이다.

3. 속임수의 고객관리에 의지하지 않는다.

　소매업에 있어 고객유지 및 고객창출은 가장 중요한 과제이다. 초면의 손님이 재방문한다면, 자신의 가게가　손님에게 인정받은 것이다. 또 그 손님이 단골이 되면 기호도 파악할수 있고　알맞은 상품을 제공할 수 있게 되는 것이다.

　고객의 정보를 정확하게 관리하는 것은 회사 경영에 있어 가장 중요하다. 그래서 자신의 가게에서 판매되는 상품은 가게의 손님층에 맞추게 된다. 그리고 손님요구에 맞는 물건으로 구색을 맞추면서 재고부담을 없애고, 효율적인 경영이 가능하게 된다. 그 때문에, 소매점의 고객 정보는 주소, 이름, 전화번호에 머무르지 않고, 판매실적이나 색·디자인의 기호 등, 고객에 관한 상세한 기록이 다음 판매에 활용하게 된다.

　그러나 개인의 생활상황은 시시각각으로 변화하는 것이고 개인사정, 건강문제, 심경변화나 경제적인 이유로 쥬얼리숍과는 인연이 멀어지는 사람들도 있다. 이 변화는 컴퓨터가 자동으로 수정해 주는 깃이 아니다.

　또 프라이버시 의식의 고양으로, 많은 소비자는 고객관리라고 칭하며 자신의 데이터가 남에게 알려지는 것에 불쾌감을 느끼고 있다. 그들은 마음에 드는 곳에서 자유롭게 쇼핑을 하는 것이 즐거운 것이지 자신의 정보를 특정한 가게에서 관리되는 것을 바라지 않는다. 소매점에 있어서는 가능한 한 고객수를 늘리고 경영을 활성화 하려고 고객관리를 하고 있지만, 고객에게 이는 아무 상관없는 일이다. 자유분방하게 쇼핑을 즐기는 소비자를 어떻게든 명부에 기재해 사업번창을 꾀하는 판매점 사이에는 큰 의식차이가 있는 것을 알아야 한다.

　생활상황의 변화에 응한 요구를 파악하지 않고, 과거의 데이타대로 다이렉트메일을 보내면 오히려 트러블이 생길 수 있다. 안이한 다이렉트메일은 쓰레기통에 쓰레기를 버리는 것과 같다.

4. 재고처분은 경영포기.

소매업자들이 투박한 디자인이나 완성상태가 허술한 상품을 보유하고, 재고부담을 느낄 때에는 다시 만들던지, 아니면 금덩어리와 보석으로 분해해 버린다. 앞으로 반드시 가격이 오를 제품인지, 취미로 보유해 두고 싶은 콜렉션이 아닌 한 장기재고품은 데드스톡이다. 이러한 불량재고는 경영을 압박하기 때문에 경영자는 상품의 회전율을 올리기 위해 재고품판매에 힘써 재고부담이 되버린 상품을 처분가격으로 팔아치우는 것이다. 그래도 팔리지 않고 남아 있는 상품은, 어느가게에서든 흔히 볼 수 있는 대량생산품이나 이미지가 퇴색된 유행품, 혹은 말도 안되는 열악품이다.

싸다고 이런 물건을 사 버린 손님은 2, 3일도 지나지 않아 싫증을 느낀다. 그리고 상품에만이 아니라 판매한 가게에도 불쾌감을 느끼게 되고, 가게의 신용은 폭락된다. 싸구려이미지의 상품을 구입해버린 가게에서, 다시 사고 싶은 사람은 거의 없다. 결국 "싸고 품질 나쁜 가게"라는 딱지를 붙여 버린다. 투박한 재고상품을 안고 경영난에 빠지는 일도, 염가판매로 해서 가게이미지를 떨어뜨리는 일도 피하지 않으면 안된다. 불량재고품은 잘 생각해 처음부터 다시 만드는 것이 제일이다.

5. 촉감을 길러라.

쥬얼리의 좋고 나쁨을 판단할 때, 우선 겉모양을 보지만 그 이상으로 중요한 것이 촉감이다. 인간의 손만큼 물건의 좋고 나쁨을 판단할 능력이 있는 부위는 없을 것이다. 손은 제2의 뇌라고 불리고 손가락은 기의 흐름이나 움직임을 읽는 센서가 되기도 한다.

오감 중에서 눈으로 들어오는 정보량은 다른 감각보다 압도적으로 많다고 여겨지지만 「보는 것과 듣는 것은 큰 차이」 는 아니지만, 보는 것과 만지는 것과는 판단도 크게 달라진다. 진열장 너머로 봤을때

는 아름답다고 생각한 쥬얼리가, 직접 착용해 보니 어울리지 않거나
볼 때와는 달리 별로라고 여긴 경험이 종종 있을 것이다. 이것은 시각
視覺의 "사각死角"이며 쥬얼리에는 "시각의 미혹"이 항상 따라다닌다. 사
람들이 쥬얼리의 아름다움에 얼마나 유혹되어 왔는지. 만인을 매료시키
는 빛을 가진 쥬얼리일지라도, 그것이 만인에 어울리는 것이라고는 말
할 수 없다. 즉 시각의 미혹이 정확한 판단을 잘 못하게 하는 것이다.
아마 인간은 시각에 너무 의존하기 때문에 이러한 미혹이 생기는 것이
다.

　가게에 온 고객은, 우선 눈으로 자신에게 맞는 상품을 가늠한다. 그
다음 손위에 놓고 좋고 나쁨이나 구입여부를 생각한다. 쥬얼리의 느낌
은 손의 감촉으로 처음 정확하게 판단되는 것이다. 따라서 통신판매나
TV쇼핑이 얼마나 무책임한 판매방식인지 알 것이다. 소매업자나 소비
자 모두 촉감의 중요성을 무시하면 안 될 것이다.

6. 인기상품은 구매하지 마라.

　제조업자나 도매상 세일즈맨이 소매점에 와서「이것이 우리 회사의
인기 아이템입니다.」라든가, 「이것은 다른 가게에서도 잘 팔리고 있
는 상품입니다.」라고 권하는 경우가 많다. 그들의 말은 거짓말은 아니
지만 이 말에 조심해야 한다. 잘 팔리는 상품에는 어느 가게나 달려들
기 때문에 당연히 시장에 같은 물건이 대량으로 나돌고 있다.

　지금은 인기상품, 히트상품이어도 순식간에 양판품이 되어 가격이
하락할 것은 뻔하다. 소매점의 수납고에 재고로 잠들어 있는 물건은
대부분 이러한 상품이다. 가격하락이 예상되는 아이템은 구매하지 않는
것이 견실한 소매상. 제조업자나 도매업자가 주의해야 할 사항이다.

7. 쥬얼리는 사치품은 아니다.

　인간행위 중 가장 사치스러운 것은 미식이라고 나는 생각한다. 어떤 호화로운 요리, 산해진미라도, 결국 소화, 배설되어 버리는 것이다. 기억에는 남아도 형태를 남기지는 않는다. 사치란 "헛됨"과 동의어이며, 헛됨을 즐길 수 있게 되어 그제야 사람은 호화를 향수할 수 있게 된다. 선악이나 어떤 인과관계와도 상관없는 즐거움이야 말로 사치가 아닐까.

　쥬얼리가 사치품이라고 하는 말이 있다. 일상생활에 없어도 불편하지 않고, 희소한 보석이나 금속으로 만들어져 있어서 가격이 비싸고, 역사적으로 봐서 권력이나 권위의 상징으로 여겨져 왔다는 점이 그 이유라고 생각한다.

　그러나 쥬얼리는 결코 헛된 것은 아니다. 헛됨은 커녕 필수품이라고 단언하고 싶을 정도이다. 쥬얼리는 착용하는 사람의 내면을 표현하여 존재의 의미를 형태로 만들고 영구적으로 남기기 때문이다. 사람은 살아 있는 한 자신을 계속 표현하고 싶은 욕구가 있다. 생명에는 한계가 있어도, 자신이 존재한 것을 영원히 남기고 싶다는 소망도 있다. 그 생각을 표현하는 것이 쥬얼리이다.

　동물과 달리 인간만이 그 가치를 향수할 수 있는 세 가지는 예술, 종교, 그리고 장신구라고 생각한다. 동물에게는 이 세가지는 무용지물이지만, 인간에게는 없으면 안 되는 것들이다. 인간에게 있어서 쥬얼리는 항구적으로 하나의 형태로 존재하는 필수품이라고 말할 수 있다.

　예나 지금이나 결혼식을 위해 신랑, 신부는 언약의 증거로 삼기위해 반지를 마련한다. 결혼식사진이나 비디오가 결혼식기록을 얼마나 많이 남길 수 있다 해도 결혼에 관련된 추억을 썩지 않는 형태로 남겨 주는 것은 쥬얼리 밖에 없다. 기쁠 때나 슬플 때, 결혼 후 언제나 당신의 신체의 연장인 것처럼 같이 걸어가는 것이 쥬얼리이다. 쥬얼리의 제작이나 판매에 종사하는 사람들은 사치품이 아니고, 문화를 상징하는 귀중품을 이 세상에 배출하고 있다는 자부심을 가지지 않으면 안된다.

제 **8** 장

빈약한 일본쥬얼리 문화

「1조 엔」의 빈약함

도쿄올림픽을 계기로 쥬얼리 생산량은 비약적으로 증가해 세상에는 팬시 상품부터 파인쥬얼리까지, 다양한 쥬얼리가 넘치고 있다. 쥬얼리 시장은 버블기보다는 침체됐지만 1조엔을 넘는 규모이다.

그럼에도 불구하고 일본의 쥬얼리 사정은 구미국가에 비해 훨씬 빈약하다 하지 않을 수 없다. 천년이상의 쥬얼리 역사를 이어온 유럽 제국과 전후부터 쥬얼리가 보급된 일본과는, 처음부터 있는 기반이 다른 것은 분명하지만 쥬얼리소비를 유지시키고 있는 것이 통신판매나 TV쇼핑이라면 도저히 "문화"가 자라고 있다고는 생각되지 않는다. 쥬얼리는 문화의 바로미터라고 흔히 말해진다. 의식주가 충분해서 처음으로 쥬얼리에 사람들이 관심을 가지고, 생활에 여유가 생긴 만큼 시간과 돈을 문화적 활동에 투자하기 때문이다.

쥬얼리 소비대국인데도 왜 구미를 따라 잡을 수 없냐면 쥬얼리의 양이 문화의 바로미터가 아니라, 쥬얼리가 어떻게 쓰이는지가 문화의 바로미터이기 때문이다. 서랍 속 사용되지 않는 쥬얼리까지 더하면 아마 수에서는 일본 여성도 구미국가부인들이 가지고 있는 쥬얼리와 차이가 없을 것이다. 오히려 구입가격의 총액으로는 웃돌지도 모른다. 그러나 쥬얼리의 쓰이는 법, 사용하는 법은 발밑에도 미치지 못한다. 돈이 있어도 문화는 자라지 않은 것이다.

가게에 오는 손님들은 가지각색이다.

남편이 중소기업 사장인 50대 단골 고객이 있었다. 지난번의 매상잔금을 지불하러 왔는데 진열장에 있던 새로운 18K반지를 꺼내 손에 들었더니 마음에 든 모양으로 몹시 좋아했다.

「보면 안 되는데. 이것도 가져갈께요. 남편에게는 이미테이션이라고 해 둬요.」 라고 눈짓 하고 가게를 나갔다. 자주 쓰이는 방법이다. 판매자입장에서는 매출이 올라 좋긴 하지만 그 반지는 이미테이션이 되어 버리니 만든 기술자에게도, 팔린 반지에 있어서도 슬픈 출발이 되어 버린다.

이런 일화도 있다. 서브다이아몬드가 30개 세팅된 18K반지를 구입하며 너무 화려한 것이 아닌가 어떤 부인이 한참을 망설이고 있었다. 그 부인과 점원과의 대화를 듣고 있던 또 다른 부인이 이야기에 끼어들어 비책을 선수했다.

「나 같은 경우는 너무 화려하다 싶으면 반지를 뒤집어서 착용해요. 빙 돌리면 곁에서는 민무늬 결혼반지로밖에 안보이거든요.」 확실히 스톤 부분을 손바닥 측으로 돌리면 상대방은 민무늬반지로 보이겠지만 손바닥을 열어야 할 때에는 어찌 할 생각일까. 다시 빙 돌려 속일 셈일까.

「남편에게는 비밀, 들키면 가짜라고 하면 돼.」 라고 얕보는 부인이지만 숨기고 산 쥬얼리는 어디까지나 그늘진 처지이다. 소유자와 만나 스토리를 새기기 시작하는 쥬얼리를 너무 쉽게 사 버리는 부인이 많은 것도 쥬얼리문화의 발전을 막고 있는 원인 중 하나이다.

쥬얼리는 소유자가 생애를 끝내도 시간을 넘어 백년, 천년 생명을 계속 유지한다. 이 항구성 때문에 쥬얼리는 스토리를 낳아간다. 좋은 스토리를 가지지 않거나 낳을 수 없는 쥬얼리는 뛰어난 쥬얼리도, 힘이 있는 쥬얼리도 아니다. 마이너스이미지를 가진 쥬얼리를 몸에 지니고 있으면, 소유자에게 힘을 주지 않을 뿐 아니라 마이너스의 작용을 미치는 위험이 있으니 차라리 소유하지 않는 편이 나을 것이다.

수십년 전 뉴욕에 있는 쥬얼리숍에서 진주 목걸이실을 바꾸는 법을 가르쳤던 적이 있었다. 그 가게에는 일본에서 상상도 못할 정도로 많은 목걸이가 실교환이나 장식수리 때문에 반입되어 왔다. 진주 외에 터키석, 산호, 라피스라줄리, 마노 등의 목걸이가 있었지만 잘 사용되어지는 그 상태에 놀랐다. 부모로부터 자식에게, 또 손자로 계승된 제품들일 것이다.

그래서인지 스톤을 잇고 있는 실크매듭은 땀과 먼지로 변색되어 있었다. 트레이 위에 산더미 같이 쌓인 목걸이는 마치 몹시 지쳐 쉬고 있는 전장의 병사처럼 보여, 여기서 잠시 휴식을 취해 치료를 받고, 다시 "미의 전장"으로 향해 가는 것처럼 생각됐다.

그 때 재차, 미국부인들이 얼마나 빈번히 쥬얼리를 사용하고 있는지 감탄했다. 진주나 칼라스톤의 광택은 벗겨지고, 이음쇠의 용수철은 끝까지 사용되고, 실매듭은 여기저기서 느슨해지고 있었다. 피부에 직접 접하는 바깥쪽의 진주층이 땀으로 녹아 버릴 정도로 잘 쓰고 있었다. 소유자가 얼마나 애착을 느끼고 있는지 충분히 상상이 갔다.

변색되어 있지만 이 정도로 사용된 쥬얼리는 또 다른 빛이 흘러넘치고 있었다.

한편, 일본부인들은 어떨까. 마음에 들어하며 아끼는 진주목걸이가 있어도 착용하는 횟수는 일년에 2~3번 되면 그나마 많은 편이다.

가지고 있는 쥬얼리의 수는 구미와 차이가 없어도 치장하고 나갈 기회나 상황이 일본에서는 압도적으로 적다. 쥬얼리는 가지고 있기만 해서는 빛나지 않는다. 사람 앞에 나서야만 빛이 나는 것이다.

구미식 라이프스타일이 침투해 대부분의 집에 거실이 있고, 다다미 위에 앉는 일은 적어졌다. 그러나 쥬얼리에 대해서는 구미식으로 잘 다루는 "장소"가 생기지 않았다. 일반 주부들이 쥬얼리를 필요로 하는 때는 관혼상제, 자녀의 입학식이나 졸업식 정도. 그래서 「구입해도 착용하고 나갈 곳이 없다」라는 말이 나오는 것이다. 이것이 문화의 빈곤을 나타내고 있다고 할 수 있다.

튀지않는 안심감

　나의 가게를 방문하는 고객은 평범한 가정주부, 운전기사를 거느리는 VIP 사모님뿐만 아니라, 슈퍼에서 아르바이트를 하시는 분, 간호사, 공무원, 보험 설계사 등 다양하다. 길거리에서 고객들을 마주치면 인사를 주고받고, 잠시 멈춰 가볍게 잡담을 나누기도 한다. 때로는 가정채소밭에서 기른 오이를 나눠 주거나 입수하기 힘든 토산술을 가져와 주시는 분도 계신다.

　상류계급이 아니라 아주 평범한 가정의 사모님인 그녀들이 쥬얼리를 고를 때 우선 신경 쓰는 것은 주위와의 밸린스이다. "주위사람들보다 뒤떨어지지 않게, 그러면서도 너무 눈에 튀지 않게"가 그들의 멋부림의 기준이 되고 있다. 옛날에는 안 보이는 부분을 꾸미고 보이는 부분은 검소하게 하는 것이 일본 사람의 미덕으로 여겨져 왔다. 젊은 사람에게 이런 이야기를 해도 통하지 않는 시대가 되었지만 중년 부인들은 "주위와 같이"가 안심이 되는 것 같다.

　가지고 있는 쥬얼리는 항상 친척이나 지인이 가지고 있는 것과 같은 정도거나 조금 고급인 물건이다. 그러나 그렇다면 쥬얼리를 착용하는 즐거움이 아니라 「나도 가지고 있다.」라는 안심감 밖에 얻을 수 없다. 쥬얼리를 사는 동기가 다른 사람과 같은 물건을 가지는 것이면 젊은 사람에게도 해당되지 않을까? 패션 잡지를 보거나 직장 동료가 가지고 있는 것을 보고, 생일 때에는 티파니의 오픈 하트를 받지 않으면 떳떳하지 못하다 등, 남의 시선이 자신의 쥬얼리를 고르는 판단기준이 되어 있다.

　자신에게 맞는 쥬얼리는 친구가 가지고 있는 것과 같을 필요가 없다고 머리 속에서는 알고 있어도 그만 주위를 신경 쓰게 돼 버린다. 자기 자신을 잘 알고 쥬얼리를 끼고 다닐 장소를 산정해, 자신다운 쥬얼리스테이지가 제대로 이미지되지 않았기 때문에 최대의 관심사가 "동등", 튀지 않는 것이 되고, 디자인이나 품질에 대한 관심은 다음 문제가 되어 야 한다.

자신만의 라이프스타일을 만들어 자기만의 쥬얼리 스테이지를 창출한다. 다른 말로 하면, 자신의 모습을 밖으로 어떻게 표현할지, 이를 위해 어떤 쥬얼리를 인제, 어디서, 어떻게 착용할지를 제대로 이미지할 수 있게 되는 것이다.

돈에 여유가 있는 것만으로는 부유하다고 할 수 없다. 금전적인 여유에 더해서 어디에도 속박 받지 않는 자유로운 시간과 자유로운 발상력을 가지는 사람을 부유하다고 하는 것이 아닐까?

돼지 목에 진주는 금언

나이를 먹는 것과 더불에 용색이 수척해져 버리는 것은 인간이라면 누구나 피할 수 없는 일이다. 그래서 여자들은 젊을 때에는 젊은 대로 화장하고, 나이를 먹으면 피부 연령에 맞게 화장을 바꾼다. 앞치마[24]는 기모노가 더러워지지 않기 위해서만 입는 것이 아니라 허술한 기모노를 숨기는 역할도 있다고 한다.

경우에 따라서는 쥬얼리도 같은 효력을 가지고 있고, 나이를 먹어 오랜 인생경험을 쌓은 손가락에 어울리는 쥬얼리가 있다. 50세를 넘어서도 팔팔한 새끼은어와 같은 손가락은 있을 수 없고 만약 그런 사람이 있다면 부럽긴 커녕 징그럽기만 하다. 쥬얼리는 착용하는 사람의 인생을 말해 주는 것

---

24) 割烹着 : 일본주부들이 기모노위에 입는 앞치마. 역자 주

이기 때문에 나이에 맞는 표현을 해 주는 것이 최적이다.

　가게에 오는 부인중에는 진열장에서 반지를 꺼내도 절대 끼려고 하지 않는 분이 있다. 어느 날 「저는 반지는 끼지 않아서 팬던트를 보여 주세요.」라고 하는 고객이 있었다. 대화가 활기를 띠면서 긴장이 풀렸을 때쯤 「이 반지는 새로나온 디자인이에요. 오늘 처음으로 디스플레이했는데 부담없이 착용만 해보세요.」라고 부탁해 보았다. 손님은 조금 당황해 했지만 이내 나의 기세에 밀려 착용하더니, 얼굴에 화색이 돌면서 「나에게도 어울리는 반지가 있네요.」라며 소녀처럼 기뻐했다.

　일반적인 반지사이즈는 12호이기 때문에 사이즈가 16호인 이 부인에게 양판품[25])이나 기성반지는 전혀 맞지 않았을 것이다. 껴본 반지는 3개의 가는 둥근반지를 나선모양으로 한 디자인이며, 16호라는 표준보다 큰 사이즈로 만들어져 있어 이 부인을 기다린 듯 딱 맞은 것이다.

　반지가 어울리지 않는다고 생각하는 여성들의 대부분은 굵고 짧은 손가락을 가지고 있다. 굵고 짧은 손가락은 중국에서는 돈복이 있고 자식복도 있는 행운의 소유자라고 할 정도이기 때문에 부끄러워할 필요가 없다. 그러나 나이 드신 분들 중에는 팔팔한 새끼 은어 같은 젊은 사람의 손가락과 비교하며 자신의 거친 손에 당당하지 못한 분들도 많다. 인생을 거듭해 거친 손가락이 되어 버렸다 해도, 타고난 손가락이 원래 굵었다 해도, 숨길 수 있는 것은 아니다. 그래서 숨기는 것보다도 이 손가락이야 말로 나 자신이다고 가슴을 펴서 자신에게 맞는 반지를 끼고 오히려 부각시켜 보기를 권한다.

　작년 가을, 60세 가까운 여성이 어머님의 유품인 산호브로치를 가지고 내 가게에 왔다. 장식은 고장 나고 은도금은 벗겨져 있었지만 산호의 염은 제대로였다. 자신은 브로치를 착용하지 않기 때문에 뭔가 다른 것으로 만들고 싶다고 해서 견본이나 참고가 될 만한 상품을 보여주며 리세팅에 대해 의견을 좁히려고 노력하였다. 그런데, 오랫동안 상담을 해도 선호하는 쥬얼리의

---

25) 대량생산품. 역자 주.

형태가 보이지 않았다. 1시간 정도 지나서 반쯤 체념하듯이 부인은 이렇게 푸념했다.

「나는 손가락이 못생기고 거칠어서 반지가 전혀 어울리지 않아요. 남편은 "돼지목에 진주" 라고 농담처럼 말합니다. 원래 보석 따위는 내 타입이 아니에요. 그렇다고 고장 난 채로 놔 둘 수도 없고... 어쩌면 좋을까요.」

자신도 똑같다고 고개를 끄덕이는 부인도 계실 거라고 생각한다. 이런 타입의 여성에 공통되는 점은 쥬얼리가 어울릴지 아닐지는 "체형"의 문제라고 생각하는 것이다. '손가락이 굵기 때문에 자신의 손가락에 어울리는 반지는 없을 것이다, 이렇게 짧은 목에 목걸이는 웃음거리가 되기 십상이다.' 고 믿고 있다.

그러나 쥬얼리가 어울릴지 아닐지는 "체형"이 아니라 "심신心身"으로 정해진다. 즉 어울릴지 아닐지는 지니는 사람의 내면적인 자세와 관계되어 있다.

쥬얼리는 장식품도 감상품도 아니다. 자신이 살아 온 인간성을 표현하며, 지니는 사람의 존재의 연장으로서, 자기 자신을 나타내 주는 것이 쥬얼리이다.

쥬얼리에 관해서는 「돼지목에 진주」 라는 것은 없다. 지니는 사람에게 걸맞는지, 걸맞지 않은지 뿐이다. 다른 말로 하면 누구나 「자신만의 진주」를 찾아낼 수 있다.

쥬얼리 스테이지의 빈약함

각각 쥬얼리에는 사용하기에 어울리는 스테이지가 있다. 스테이지라 해도 그렇게 어려운개념이 아니다. 통근스테이지, 직장스테이지, 퇴근 후나 디너 파티스테이지 등, 쥬얼리를 착용하는 때를 말한다. 다양한 스테이지에서 역할을 마친 쥬얼리는 손가락이나 몸에서 보석상자로 들어가 다음기회를 기다린다.

이건 너무 당연하지 않느냐며 볼멘소리를 할 것같지만 이러한 상황이 당연하지 않는 것이 이 나라의 실상이다. 가게에 반입되는 수리품을 보고 상상하면 스테이지에 따라서 쥬얼리를 가려 사용하지 않거나, 스테이지쥬얼리와 풀타임 쥬얼리의 구별을 하지 않는 부인이 꽤 많다.

풀타임으로 사용할 수 있는 것은 금반지정도이고, 나머지는 스테이지가 끝나면 빼서 간직해야 한다. 양복을 입은 채로 자면 금새 모양이 뉘틀려 버리는 것은 아는데 쥬얼리에 내해서는 상황에 맞게 바꿔 착용하거나, 빼서 보관하지 않아도 아무렇지도 않는 얼굴을 하고 있다. 그 결과 금속피로로 반지가 변형돼 버리고, 그때야 당황해서 가게에 뛰어 들어오게 되는 것이다. 에메랄드나 오팔은 정말로 깨지기 쉽다. 험하게 쓰면 쉽게 균열이 생긴다. 그런데도 에메랄드 반지를 착용한 채 오토바이를 타거나, 골프 연습을 나가거나, 마당의 정원을 손질하는 분들이 있다. 사람의 악력은 상상외로 강하며 여성이라도 악력계로 측정하면 30킬로 이상인 사람은 드물지 않다. 슈퍼에서 많은 식료품을 사들고, 무거운 짐을 내리기만 해도 반지가 변형될 수도 있을 정도이다. 하물며, 자전거나 오토바이를 탈 때는 강한 악력에 더해 진동이 전달되기 때문에 파손될 가능성이 높아지는 것은 알 것이다. 보석이 붙어 있는 반지로 골프 연습을 하면, 백번 정도 치는 사이에 보석에 금이 가 버린다. 즉 망치로 반지를 두드리고 있는 것과 같다. 어떻게든 끼고 싶다면 금반지만 껴야한다. 그 외의 쥬얼리는 모두 스테이지반지이다.

　사람이 쥬얼리의 매력을 깨달았을 때는 마치 종교적 계시를 받은 듯 인생이 달라 보인다고 한다. 쥬얼리에 관심을 갖게 되는 계기는 다양하지만 한번 쥬얼리가 자신을 표현해 주는 분신이라는 것을 알게 되면, 쥬얼리로 업그레이드 된 자신에게 지금까지 없었던 특별한 애착을 느끼게 된다. 쥬얼리를 착용하는 것으로 일상생활에 적극적이 되고 인생 그 자체를 활기 있게 할 수 있다.

　적극적인 삶과 마인드는 스트레스를 해소하기에 병을 예방할 수 있는 비결이라는 것은 알고 있을 것이다. 기분 좋은 음악에 귀를 기울이거나 스포츠에 흥미를 느끼는 것처럼 자신에 어울리는 쥬얼리를 몸에 지니면, 뇌로부터 아드레날린이 분비되어 뇌내세포를 활성화시켜 준다.

　쥬얼리는 생활 잡화나 식료품과 달리 긴 세월에 걸쳐 소유자의 존재나 새겨진 스토리를 계속 표출한다. 형태에 내포된 뜻을 항구적으로 보존하면서, 신체의 일부가 되어 소유자의 내면성을 반영하는 것이 쥬얼리이다. 따라서 사람들은 자신에 어울리는 옷을 입고 그에 맞는 쥬얼리를 착용한다. 이 자연스러운 욕구가 "치장"을 하려는 강한 충동이 되어, "치장"에 대한 자신만의 개성이 생기는 것이다. 자신만의 개성은 개개인의 존재를 주장하며 쥬얼리라는 "형태"로 응축해 간다.

　일본의 쥬얼리문화가 빈약한 원인을 무엇보다 쥬얼리스테이지의 부족을 들 수 있다. 모처럼의 쥬얼리를 착용할 곳이 없어서는 문화고 뭐고 없다. 게다가 빈약에 박차를 가하는 것은 치장하는 측의 의식이 낮은 것이다. 쥬얼리를 몸에 지니는 상쾌함, 그 쾌감이 소유자를 활성화시켜 주는 쥬얼리파워이자 매력이라는 것을 아직도 깨닫지 못한 사람이 많다. 쥬얼리를 지니는 것은 자신의 외관을 장식하는 것뿐만 아니라, 자신의 내면을 쥬얼리로 표현하는 것이라고 알면, 더욱 더 인생을 즐길 수 있을 것이다.

제9장

결혼 반지에 싫증이 나는 이유

자신이 가지고 있는 쥬얼리에 질려 버렸다는 여성이 많다. 아마 대부분의 여성들이 이런 경험이 있을 것이다.

본래라면 파워풀한 "살아있는 물건으로서 자신의 내면을 표현해 줘야 하는 쥬얼리인데 여성들은 왜 질려 버리는 것일까. 저축한 돈으로 간신히 구입하거나 좋아하는 이성으로부터 선물받은 소중한 쥬얼리이지만, 몇 번 사용하다보면 몸에 지니기는커녕 보는 것조차 싫어진다. 이는 선물을 받은 본인은 물론 선물을 준비한 상대, 나아가서는 보석 그 자체에도 견딜 수 없는 일이다.

매장 쇼윈도우에 있는 쥬얼리는 갓 태어난 그 순간부터 주인과의 만남을 기다린다. 그러나 그대로는 쥬얼리로서의 힘을 발휘할 수 없다. 구입자와 만나서 처음으로 숨이 불어넣어져 소유자와 함께 새로운 스토리를 새기기 시작한다.

쥬얼리는 인생의 반려로서 소유자와 함께 살아간다고 해도 좋을 것이다. 착용하는 사람에게 용기를 주어, 적극적인 인생의 후원자가 된다.

쥬얼리에 좋은 추억이 새겨져 기분 좋은 스토리를 연주하는 한, 그 쥬얼리는 계속 파워풀한 "살아있는 물건"이 된다. 즉, 쥬얼리 안에 당신의 인생이 응축되어, 마음에 드는 쥬얼리는 당신의 추억의 앨범이 된다.

그럼에도 불구하고 질린다면, 거기에는 소유자의 사정이 있을 것이다. 쥬얼리는 좋거나 나쁘거나 소유자의 스토리를 새겨 가는 것이다. 기쁜 일이 있었을 때 몸에 지니던 브로치에는 기쁜 추억이 새겨지고, 그 브로치를 착용할 때마다 기쁜 추억이 되살아 나온다. 반대로 기억하고 싶지 않은 안 좋은 상황에서 착용하였던 반지에는 나쁜 추억이 새겨져 버린다. 그러면 반지를 보기만 해도 기분 나쁜 상황이 머리에 떠오르게 된다. 헤어진 남자와의 과거가 짙게 배인 쥬얼리를 처분하고 싶은 충동에 휩싸이는 것은 당연한 일이다.

쥬얼리는 음식이나 의류와 달리 항구불변한 것이기 때문에 한 번 새겨진 스토리는 쉽게 지워지지 않는다. 따라서 쥬얼리는 스토리가 그려지는 첫 만남이 중요하다. 자신에게 딱 맞는 쥬얼리를 만나 가장 아름다운 스토리 속에서 그것을 구입한다. 소유자에게 힘을 주는 쥬얼리와의 만남은 이렇게 시작해야 한다.

몇 년 전 일이다. 안면이 있던 부인이 가게에 들어오자마자 "붉은색 보석 반지에는 어면 게 있나요? 생기 없는 색 말고 생생하고 예쁜 빨강색 반지로 보여주세요" 라며 다그치듯 물어보았다. 뭐가 그리 급할까. 무슨 일이 있는 것일까 생각하고 있는데, 가게에는 먼저 온 다른 손님들이 있음에도 불구하고 "우리남편이 바람을 피었어"라고 주위도 상관 않고 큰소리로 떠들어댔다.

남편이 바람피웠다는 울분으로 쥬얼리를 사는 부인의 마음을 모르는 것은 아니지만, 당사자는 기분진환이 되더라도 팔린 쥬얼리에는 불쾌감만이 새겨질 뿐이다. 불쾌한 스토리를 처음부터 새겨진 쥬얼리의 운명은 서랍이나 장롱 깊숙이 잠들고, 머지않아 리폼되어 버릴 것이다. 반지에는 아무 죄도 없는데 이런 소유자를 만나 본래의 파워를 발휘하지 못하고 있다면 불행한 일이다.

남편이 바람피운 울분뿐만이 아니라 충동구매나 사교상구매, 허세를 부린 쇼핑이 나중에 실망감이나 「실패했다.」는 생각을 남길 것은 분명하다. 안이한 구입 태도는 쥬얼리와의 만남부터 나쁜 스토리를 새겨 버린다. 이것이 자신의 쥬얼리에 질려 버리는 첫 번째 원인이라고 할 수 있다.

인생의 축약판

　30년 이상 쥬얼리숍을 운영하면서 쥬얼리리폼이나 수리를 하고 있으면, 각각의 여러 가지 스토리를 지닌 쥬얼리들을 만나게 된다. 맡게 되는 어느 쥬얼리에도 그 소유자의 다양한 인생이 새겨져 있다. 좋은 추억이 깃든 쥬얼리라면 내 가게에 반입되지도 않았겠지만, 인생이 항상 잘되고 편할 수 없다. 반입되는 물건의 대부분에는 슬픈 추억이나 괴로운 경험, 말할 수 없는 분노 등이 새겨져 있다. 그 괴로운 스토리가 가끔 입을 열어 소유자를 괴롭히기도 한다.

　이런 일이 있었다. 40대 중반 묘령의 부인이　가게 카운터에 비닐봉투를 내던졌다. 내용물은 금 또는 백금 소재의 오래된 반지나 팔지를 비롯한 여러 제품들이 양손에 가득찰 정도였다. 부인은 입을 열자마자, 「이것들 아무거나 상관없으니　다시 만들어 주세요.」라고 부탁했다. 물건은 좋은데 부인의 태도는 자포자기라고 할까, 이거다 할 목적이 없어 보였다.

　아마 이 물건들에는 이혼한 남편과의 추억이 새겨져 있었을 것이다. 「싫은 추억을 잊어버리고 싶다.」는 생각에 자극을 받아 발길을 옮겼던 것이라고 생각된다(물론 그런 일을 직접 물어보지는 않았지만). 인생의 새로운 스테이지에 서려고 하는 여성에게 있어서 과거의 추억을 떠맡고 있는 쥬얼리가 무거운 짐이었던 것이다.

　스토리를 새겨진 쥬얼리 때문에 지워 없애고 싶은 체험이 상기되게 된다. 마치 비디오카메라에 담아둔 것처럼, 지니고 있던 쥬얼리에 선명하게 그 때의 이미지가 남는 경우가 있다. 쥬얼리는 인생에 일어난 드라마를 집약해 스토리화할 뿐 아니라 과거의 인상적인 장면을 페이지를 다시 넘기듯이 되살아나게 해 버리기도 한다.

　다양한 쥬얼리를 애용하던 어느 50대 부인의 이야기이다. 5년 전 교통사고를 당했는데 그 당시 루비반지를 끼고 있었다고 한다. 그리고 반년전 다시　교통사고를 당했는데 5년 전 사고 때와 같은 루비반지를 착용하고 있었

다. 이 부인은 이제 루비만 봐도 사고가 생각나며 「피의 이미지」가 떠오
른다고 한다. 「피젼드블러드pigeon blood26)」라는 잔혹한 명칭을 누가 붙
였을까요.」 그렇게 말하는 그녀는 두 번 다시 루비를 몸에 지니지 않겠다
고 결심했다고 한다.

교통사고와 루비에는 아무 인과관계도 없을 것이다. 연결시키고 있는 것
은 미망이라고 할 수 있다. 그러나 소유자에게 각인된 생각을 지울 수는 없
다. 검은고양이를 보면 불길한 일이 일어난다는 징크스를 믿는 사람이 있듯
그녀에게는 루비가 검은고양이가 되어 버린 것이다.

사람은 일부러 마이너스 이미지가 달라붙은 쥬얼리를 몸에 지니지 않는
다.

만약 마이너스 이미지가 새겨졌다면 장롱 안쪽에 보관하는 것이 아니라
새로 리폼해서 쥬얼리의 파워를 복귀시킬 수밖에 다른 방법은 없다.

질리는 이유

이렇게 인생의 깊은 문제와 관련되지 않아도 자신의 쥬얼리에 싫증나거나
애착을 잃게 되는 경우가 있다. 그것은 쥬얼리의 형태나 스토리에 위화감을
느껴 이제 공명하지 않게 되었기 때문이다.

그 원인에는 세 가지가 있다. 먼저 자신이 가진 쥬얼리와 비슷하거나 같
은 제품이 시장에 많이 유통되어버려 더 이상 자신의 개성이나 사회적 지위
에 어울리지 않게 되었다. 또 쥬얼리속의 스토리는 소중히 남기고 싶지만
제품의 디자인이나 형태가 본인의 외모 또는 내면의 변화에 의하여 어울리
지 않게 되는 경우도 있다. 그리고 쥬얼리에 새겨진 스토리가 본인에게 더

---

26) pigeon blood: 최상급의 가장 아름다운 루비의 붉은색을 피젼드 블러드라 한
　　다. 역자 주.

104

이상 좋지 않게 바뀌기도 한다. 즉, 첫 번째는 유행문제, 두 번째는 자신의 변화, 세 번째는 지워 버리고 싶은 인간관계 등에 기인한다.

유행품을 살 때에는 「다른 사람들도 가지고 있으니 나도 갖고 싶다」 「다들 가지고 있으니 안심할 수 있다.」 라는 심리가 있다. 주변 사람들이 모두 가지고 있는데 뒤떨어지기 싫다는 생각도 있을지 모른다. 특히 쥬얼리는 품질이나 가격판단이 어렵기 때문에 다른 사람과 똑같은 것이 좋다는 의식이 작용해 유행품에 인기가 집중되는 경향이 있다.

그러나 그렇게 구입한 상품이 세상에 널리 나돌게 되면 짓궂게도 상품의 평가는 하락하게 된다. 너무 많이 유통되면 「아무나 가지고 있어 시시하다.」 고 유행품에서 잡화로 전락해버린다. 「누구나 지니고 있어서」 라는 안이한 마음으로 구입한 쥬얼리는 누구나 지니고 있다는 이유로 애착이 희미해져 버리는 것이다.

제대로 된[27) 쥬얼리의 생명은 10년, 20년, 평생, 그리고 다음 세대로 영원히 계승되는데 비해, 유행품의 생명은 겨우 일 년 이내, 남 앞에서 자랑할 수 있는 것은 반년. 대부분의 유행품은 업자들이 매스미디어를 통해 전개한 비즈니스전략에 의한 것이다. 업자는 유행품의 인기가 정점으로 달하기 전에 이미 다음에 유행시킬 상품을 준비해, 유행품이 쥬얼리에서 잡화로 전락할 것을 기다렸다가 다음 상품을 시장에 내 놓는다.

미디어나 업자에 놀아나 구입한 쥬얼리가 질리는 것은 당연. 유행만 쫓고 있으면 계속 자신의 쥬얼리에 질려 자신에게 딱 맞는 쥬얼리를 평생 찾아낼 수 없을 것이다.

---

27) 원문에서는 本物. 역자 주.

　　쥬얼리업자는 스스로 유도한 유행의 결과, 염가판매경쟁으로 스스로 목을 조르는 경우가 있다.

　　키헤이라는 이름으로 알려진 귀금속목걸이가 있다. 키헤이라는 이름의 유래에는 「기병대가 회중시계의 쇠사슬로 사용했다」 라는 설과 「스즈키 키헤이씨가 디자인했다」 라는 설 등 여러 가지가 있지만 정설은 없다.

　　키헤이목걸이는 전통적인 디자인이며 그만큼 대중적이다. 그 때문에 일본뿐만 아니라 독일이나 이탈리아에서도 인기 있고, 시중에도 많다. 그대로 피부에 착용해도 되고, 펜던트를 매달아도 잘 어울린다. 튼튼하고 디자인 면에서도 우수해 옛날부터 여성뿐만 아니라 남성도 애용해 온 체인목걸이이며, 프로쥬얼러가 봐도 그 형상이나 흐름의 아름다움은 지적할 것이 없다.

　　양판점이나 할인매장이 이것에 주목하여 80년대에 들어가면서 기헤이목걸이는 미끼아이템으로 철저히 염가판매경쟁의 폭풍우에　놓여지게 되었다. 예를 들어 「18K 키헤이목걸이를 오늘의 금시세만으로 판매합니다.」 라고 선전하는 양판점이 출현하였고, 백화점이나 할인매장에서도 저가판매를 경쟁적으로 하여, 이는 TV쇼핑에까지 확대되었다. 모든 판매장소에 장렬한 염가판매 전투가 전개되었다.

　　「18K 키헤이목걸이를 오늘의 금시세만으로 판매합니다.」 라는 것은 정말로 매력적이다. 제1장에서 말한 티파니의 오픈하트를 이런 식으로 팔면 몇 백 엔으로 브랜드상품을 살 수 있게 된다.

　　이런 자극적인 선전문구의 결과는 어땠을까.

　　섬세하게 제작된 이 뛰어난 체인목걸이는 단숨에 하나의 금덩어리취급을 받으며 가격을 평가받게 되었다. 조금만 생각해도 제품의 가격이 같은 중량의 금덩어리와 같다는 것은,　쥬얼리로서의 가치를 전혀 인정받지 못한다는

---

28) 喜平 : 사각체인 목걸이. 한국에서는 남성용 순금 체인목걸이로 많이 사용되는 전형적인 체인목걸이 디자인. 한국에서도 비슷한 처지의 가장 일반적인 디자인이다. 역자 주

것과 같다. 즉, 「오늘의 금시세」를 목에 그대로 지니고 있는 것이다.

그 결과는 분명하다. 이제 키헤이목걸이는 소비자한테 쥬얼리로서 보이지 않아 몸에 지니는 것조차 부끄러운 잡화로 전락해 버렸다. 이때까지 기분 좋게 착용해 왔던 키헤이목걸이는 순식간에 금덩어리로 취급받는 운명이 되었다. 「무게로 판단되는 것 따위는 착용하기 싫어.」라고 대부분이 이렇게 생각할 것이다.

급격한 인기상승과 더불어 이루어진 키헤이목걸이의 이미지 하락은 약 10년 전 일이지만, 그 이미지는 아직도 회복되지 못하고, 고금古金으로 반입되는 키헤이 목걸이는 끊이지 않는다. 얼마 전에도 한번도 사용하지 않은 키헤이목걸이를 리폼용 금으로 가져온 부인이 있었다. 금조각으로 처분해도 괜찮은지 물어봤더니 「야쿠자 같아서 싫어요.」 이 한마디였다.

염가판매 경쟁에 노출된 물건은 아무리 아름다워도 질리게 된다. 쥬얼리의 기본인 "희소성"이 사라지면 아무도 쳐다보지 않는다.

결혼반지는 신분에 맞추어

여성에게 있어 무엇보다 가장 소중하고 감동적인 추억을 담고 있는 것은 약혼반지나 결혼반지이다. 과거에 텔레비전이나 영화관에서 「약혼반지는 남자월급의 세배」 라는 CM이 흐르고 있었다.

이것은 당시 세계다이아몬드시장을 통술하고 있었던 드비어스社가 일본시장공략을 위해서 전개한 캠페인의 일환이다. 쇼와 40년대[29] 경제성장이 기세를 더하고 경이적인 번영을 향해 나아가는 일본을 보고, 미국이나 서독을 뒤잇는 거대한 다이아몬드시장으로 파악하여 재빠르게 막대한 예산을 쏟으

---

29) 1960~1970년대. 역자 주

면서 이 「월급의 세배」 라는 세뇌광고 캠페인을 전개했던 것이다.

이것에 일본의 젊은이들이나 부모들이 감쪽같이 감화돼 버리고, 월급의 세배나 하는 다이아몬드가 아니면 빚을 진 느낌이 되는 심리를 자아내 약혼반지는 「월급의 세배」 라는 이미지를 떠오르게 만들어 버렸다.

당연한 일이지만 월급의 세배라는 규칙이나 관습은 그 어디에도 없다. 아내가 끼고 다니는 약혼반지로 남편의 월급이 들켜 버리는 일은 무시해야할 것이다. 경도나 광택30) 때문에 약혼의 증거로서 다이아몬드가 약혼반지에 제일 적당할지 모르지만 첫 데이트의 추억으로 강가에서 주운 돌을 약혼반지로 해도 상관없다.

여배우인 다카미네 히데코씨가 30년 전 「나의 결혼반지」 라는 에세이를 썼는데. 요약하면 다음과 같은 내용이었다.

「나는 결혼반지만은 남편이 사주면 좋겠다고 생각했다. 당시 남편의 월급은 그리 넉넉하지 않았지만, 어디에서 마련했는지, 양귀비알갱이크기의 작은 다이아몬드가 몇 줄 들어간 결혼반지를 사 주었다. 그것은 자그마한 것이있시만 나는 오히려 허세부리지 않는 그의 성격을 알 수 있어서 기뻤다.
결혼하고 나서 19년의 세월이 흘렀고 남편은 그 사이에 다이아몬드를 양귀비알갱이에서 쌀알크기로, 쌀알크기로부터 팥 알갱이 크기로 해 주었다. 지금은 게으른 나에게는 아까울 정도의 굵은 다이아몬드가 아름다운 빛을 내고 있다. 나는 선천적으로 물건에 집착하지 않는 여자이지만 약혼반지와 결혼반지는 남편의 사랑의 역사가 새겨진 보물로서 소중히 하고 있다.」

나이가 들면 생활 스타일도 바뀌고 사회적 지위 또한 변하기 마련이다. 우리는 이에 맞춰 쥬얼리로서 우리를 표현해야 할 필요가 있다. 타카미네씨의 남편은 점점 큰 다이아몬드로 바꿔가면서 스스로의 역사를 새긴 것이다. 양귀비알갱이가 팥 알갱이가 되어 가다니 멋진 이야기가 아닐까. 허세를 부려 「월급의 세배」 라는 선전에 놀아날 것은 없다.

---

30) 다이아몬드의 경도(굳기)는 10도로 물질 중 가장 단단하다. 또한 다른 보석들에 비해
  높은 굴절률을 가지고 있어서 광택 역시 우수하다. 역자 주

약혼반지는 리폼한다

　미혼, 혹은 곧 결혼예정인 여성들의 환상에 찬물을 끼얹을 생각은 없지만, 결혼 후 약혼반지를 자주 착용하는 여성은 드물 것이다. 사용한다 해도 연중행사마냥 1년에 두세 번 될까. 대부분은 케이스에 넣어 장롱 깊숙이 둘 것이다. 이렇게 되는 데는 그만한 이유가 있다. 대부분 약혼반지를 구입할 때에는 디자인보다는 보석의 가치와 가격을 우선적으로 고려하여 구입한다. 다이아몬드의 휘황성을 가장 최대로 발휘하기 위해서는 스톤을 세팅하는 난발, 난집을 심플하게, 게다가 강도 있게 해야 한다. 그래서 오래전부터 "TATEZUME"[31]라고 불리는 엉거주춤한 6개의 발로 세팅된 반지가 일반적인 디자인이 되었다. 이 디자인은 겉보기에는 좋아도 손가락에 착용하며 일하기에는 불편한 디자인이라고 할 수 있다. 다이아몬드 난집이 높아, 위로 많이 튀어나온 디자인이기 때문에 손가락의 움직임을 방해할 수 있다. 양복이나 스타킹에 반지가 걸려 손상될 수 있으며, 아이를 키우는 주부들은 날카로운 반지로 인해 아이에게 상처주지 않을까 많이 신경 쓰게 된다. 기대와 설레임 속에 구입하였지만 나중에는 "결혼의 증거물"일 뿐 실속은 없다.

　"결혼의 증거물"이라는 스토리만으로도 괜찮다면이야 상관없지만. 모처럼 장만한 고가의 제품이기에 나는 본인의 라이프스타일에 맞게 디자인을 바꿔 새로 세팅하는 것을 권한다. 일하는 여성이 많은 요즘 시대에 맞춰 난발이 낮고 착용감이 편한 다양한 디자인들이 있다. 본인의 감성에 맞는 디자인으로 리세팅한다면 보다 만족스럽게 착용할 수 있을 것이다.

　기존의 디자인 외에도 본인이 직접 디자인한 반지를 착용해도 의미 있을 것이다. 인생에서 가장 의미있는 증거가 새겨진 약혼반지이기에 더욱 값지게 하기 위해서는 자주 착용할 수 있으면서 본인의 사회적 지위에 맞는 디자인이어야 할 것이다.

---

31) 티파니세팅이라고 불리는 6개의 높은 발을 가진 모양의 반지. 역자 주.

70대의 부인이 사이즈 수리를 위해 오팔반지를 가져왔다. 대두大豆만한 멕시코오팔이 깔끔하게 금테두리에 싸여있었고 앤티크 같은 고풍스런 반지였다. 스톤 주변은 채침의 투각이며, 뒷면은 당초모양으로 장식되었다. 전체적인 세팅과 마무리는 섬세한 일본기술자가 아니면 흉내 낼 수 없을 만큼 감탄이 절로 나오는 뛰어난 제품이었다. 「이건 죽은 제 남편이 50여 년 전쯤 좋아하던 담배를 끊고 열심히 모은 돈을 사준 것이에요」라며 부인은 상념에 젖어 이야기하였다.

보석점을 하는 즐거움의 하나는 이런 멋있는 추억이야기를 들을 수 있는 것이다. 좋아하는 담배를 끊고 자신에게 사 준 오팔반지가 50년 후인 지금도, 그 남편은 가버렸어도 기분 좋은 스토리를 계속 발신하는 것이다.

쥬얼리의 파워는 보석의 크기나 가격이 아니라 실은 좋은 스토리를 발산할 힘이다. 스토리가 좋으면 그 쥬얼리가 발산하는 메세지는 사라질 일없이 계속 되고, 반대로 스토리가 처음부터 투박하거나 중간에서 마이너스 이미지를 가지게 되면 그 쥬얼리에 싫증이 나 버리거나 싫어지는 것이다.

요새 집을 리폼 하는 것이 유행이지만 그 전후를 보면 재활용할 수 있는 것은 기둥 몇 개에 지붕부터 벽, 마루까지 거의 다 폐기된다. 게다가 폐자재는 요금을 내고 처분한다. 한편 쥬얼리의 경우 버리는 소재가 일체 없다. 스톤도 귀금속도 재활용이 가능하고 소재를 보충할 경우는 있어도 버릴 것은 없다.

레스토랑에서 먹은 프랑스 요리가 맛이 없어도 「두 번 다시 이 가게 오나 봐라」라고 생각하나, 불쾌감이 지속되지는 않는다. 그러나 마음에 안 드는 쥬얼리는 언제까지나 당신을 불쾌하게 한다. 한편, 마음에 들지 않는 집을 세워 버렸을 경우, 다시 만들려면 손해가 너무 크다. 그에 비해 쥬얼리리폼은 기존의 소재를 이용하여 재가공하기에 저렴한 비용으로 만들 수 있다. 형태를 바꾸는 것에 의해 그 쥬얼리가 가지고 있던 나쁜 이미지나 바람직하지 않은 스토리를 불식하여 새 상태로 되돌릴 수 있기 때문에 질려 버린 쥬얼리는 리폼으로 새로운 숨결을 불어넣어 주기를 바란다.

이상적인 쥬얼리를 손에 넣는 지혜

특별히 디자인 된 쥬얼리

　한창 인기 있는 쥬얼리라도 언젠가는 그 인기가 시들해지고 유행이 지난 구제품으로 전락해버리는 것은 시장의 흐름에 따른 당연한 결과이다. 아무리 훌륭한 디자인이라도 바로 옆에 똑같은 제품을 몸에 지닌 여성이 있다면, 그 순간 백년의 사랑도 식어버리는 것이다. 자신만의 스타일, 개성을 추구하는 여성의 경우 더욱 그러할 것이다. 「저런 사람까지 나랑 같은 목걸이를 하고 있다는 게 말도 안 돼! 이런 것, 더 이상 몸에 지니지 않겠어.」라고 화낼 것은 틀림없다.

　대량생산된 쥬얼리가 「이상의 쥬얼리」가 될 수 없다면 특별히 디자인 된 쥬얼리 중에서 찾아낼 수밖에 없다. 하지만 특별히 디자인 된 쥬얼리에는 실은 두 가지 종류가 있다. 하나는 쥬얼리 제조업자나 보석디자이너가 독자적으로 기획한 것, 세상에서 디자이너쥬얼리라고 불리는 쥬얼리를 말한다. 제조업자나 디자이너가 자유로운 발상으로 페이퍼디자인을 그려, 대량생산의 쥬얼리와는 색다른 형태로 만든 것이다.

　이러한 종류의 쥬얼리는 가격도 인기도 높을 것 같지만 개별로 구체적인 특정인을 가정해 제작된 것은 아니다. 디자이너의 머릿속에 떠오른 이미지를 조형화해 가는 과정에서는 그것을 사용할 것이라는 추상적인 여성상이 있을 뿐이다. 특별히 디자인 된 디자이너 쥬얼리라고 해도 당신에 맞추어 만들어진 것은 아니라 디자이너의 기호에 따라 만들어진 작품에 지나지 않는다.

　즉 디자이너 쥬얼리를 취급하는 가게에서도 공예작가의 창작전시회에서도 진열장에 줄지어 있는 물건은 특정한 여성을 위해 만들어진 쥬얼리는 아니다. 그렇다면 대량생산된 쥬얼리와 같이 구매자가 완성된 쥬얼리에 타협할 필요가 있다. 특별히 디자인 된 쥬얼리이기는 해도 이 경우의 “특별”이라는 것은 특별한 소재를 사용하고 있거나 또는 특별히 기획한 상품이라는 의미인지 아니면 저명한 디자이너의 작품이라는 의미 밖에 없다.

또 하나의 특별히 디자인 된 쥬얼리는 당신을 위해서 디자인 된 쥬얼리를 말한다. 당신의 머릿속에 있는 이상의 이미지를 그대로 제작자에게 전해 만약 말로 부족하면 그림을 그려 당신의 주장을 관철해 만들어진 쥬얼리야말로 이상의 물건이라고 말할 수 있을 것이다. 명확한 주장은 오너이며 사용자인 당신이 하고, 디자이너나 제작자는 어시스턴트, 무대 뒤에서 일하는 역할을 철저히 한다.

주인공은 어디까지나 당신, 즉 쥬얼리의 의뢰인이다.

오더 쥬얼리라고 하면 고가, 손에 닿지 않는 그림의 떡이라고 생각하기 쉽지만 그렇지도 않다. 예를 들어 큰 것, 작은 것, 크기가 다른 바로크진주를 사용해 브로치를 만들고 싶다고 하자. 금으로 잎 모양을 꾸미고 테두리를 만들어, 그 테두리 안에 엷은 황색진주가 보이는 디자인으로 했다고 하자. 주문을 한 부인에게 있어서는, 일반적으로 최상급이라고 하는 원형진주보다 엷은 황색이 든 바로크진주가 더 가치 있는 소재이다. 즉 자신에게 최적인 것이 "최고급"이 된다는 것이다. 그러면 비교적 적은 예산이 들 것이다. 통틀어는 말할 수 없지만 안이하게 브랜드제품을 사는 것보다도 저렴하게 될 경우가 더 많을 것이다. 어울리지도 않는 쥬얼리는 당신을 긴장시킬 뿐. 소재의 품질이나 가격이 아니라 당신이 무엇을 요구하는지가 중요하다.

무엇이든 위를 보면 끝이 없다. 천만엔짜리 다이아몬드가 들어가지 않으면 자신에게 최적인 브로치가 아니라고 생각하는 사람에게는, 「부자남편이라도 찾아보세요.」라고 밖에 할 말이 없지만 자신에게 무엇이 최적인지 알고 있는 당신이라면 자신에게 제일 좋은 소재를 쉽게 발견할 것이다.

어쨌든 자기감성에 딱 맞는 디자인을 머릿속에서 그려보고 쥬얼리숍의 문을 두드려 보아라. 이상의 쥬얼리를 손에 넣는 첫 걸음은 여기서부터 시작한다.

내가 도쿄교외에 가게를 차린지도 이제 30여년 지났다. 솔직히 교통상으로 그다지 편한 곳은 아니다. 역에서 걸어오기에는 조금 멀고, 자동차로도 수십분 걸리는 곳에 있다. 근처에 사는 사람들도 곁에서 보기에는 여기가 쥬얼리숍이라고 알아차리기가 쉽지도 않다. 그래도 「자신만의 보석」을 만나기 위해 고객들의 발길이 끊이지 않는다.

고양이를 좋아해서, 라는 이유로 고양이 모티브의 디자인을 요구하시는 분도 있다. 강아지를 모티브로 라는 분도 있고, 때로는 「범고래를 모티브로」라는 조금 특이한 주문을 하시는 분도 있었다. 또, 자기생일 별자리와 똑같이 보석이 배치된 브로치를 만든 분도 있었다.

자신만의 꽤 명확한 느낌이나 디자인을 가져오신 분도 있고 대략적인 이미지만을 가져오시는 분도 있다. 고객 한명한명의 요구에 응하기 위해 우리는 다양한 자료를 참고하여 디자인을 완성한다.

세계에 하나밖에 없는 나만의 쥬얼리가 탄생하는 것이다. 가게에 처음 의뢰되어 완성까지 반년정도 걸리는 물건도 드물지 않다. 그러나 그 만큼 시간이 걸린다는 것도, 생각하기에 따라 또 하나의 스토리의 구성요소가 되는 것이 아닐까. 「당신을 위해서 반년 전부터 디자이너와 상담해 만든 보석이야」라고 말해서 기분이 나빠질 사람이라면 원래 궁합이나 성격에 문제가 있을 것이다.

수도관을 자른 듯 한 느낌의 반지

쥬얼리 중에서도 반지는 신체에 접하는 부분이 넓기 때문에, 착용 시 불편함을 느낄 때가 많다. 원래 사람의 육체에는 직선적인 부분이나 날카로운 커브, 평평한 부분은 없다. 복잡한 형상의 부드러운 손가락에 금속을 착용시

어색하고 불편함을 느끼는 것은 당연할 것이다. 피부에서는 골드도 플래티넘도 이물질에 지나지 않는다.

기성반지를 구입한 구매자들 중 약99%는 이물이 끼었다는 「싫은 느낌」을 갖는다. 이러한 느낌을 그냥 참으며, 계속 반지를 착용하면서 익숙해짐으로 그 느낌을 없앨 수밖에 없다. 아름답게 보이기 위해 어떻게든 불편함을 참겠다는 심리는 이해되지만, 반지가 목구멍에 걸린 잔가시처럼 신경이 쓰이면 모처럼의 비싼 다이아몬드반지도 엉망이 된다.

반지를 만들 때 신경써야할 부분 중 무엇보다 중요한 것은 반지 안쪽의 처리에 있어 사용자의 착용감을 충분히 배려하는 것이다. 반지와 손가락 사이에 호흡할 수 있을 만한 여유가 필요하다. 이를 위해 반지 안쪽의 부분에 적당한 두께와 폭, 볼륨을 주어 충분히 연마 처리를 해야 한다. 마치 수도관을 둥글게 자르고 테두리만 연마한 듯한 반지와 안쪽을 반쯤 둥글게 부드러운 모양을 준 것을 비교해 보면 손가락에 친숙해지는 감각의 차이에 놀랄 것이다. "수도관을 자른 듯한"이라고 했지만 시장에는 정말로 수도관을 자른 것으로 밖에 생각되지 않는 반지가 많이 나돌고 있다. 유행하는 디자인에만 넋을 빼앗겨 구입한 사람은 만족하겠지만 손가락은 비명을 지른다. 구매자는 우선 반지 안쪽의 가공기술이 적절한지 살펴보아야한다. 반지안쪽의 마무리도 보지 않고 사는 여성들이 외로 많다.

그 다음 확인해야 할 부분은 반지를 착용하는 손가락의 좌우 양쪽 손가락의 감각, 감촉이다. 약손가락에 반지를 낄 경우, 새끼손가락과 중지에 닿는 느낌이 너무 강한 반지가 많다. 특히 메인이 큰 스톤이나, 진주를 세팅한 반지인 경우 테두리 부분이 두꺼워져 착용감에 더욱 주의해야 한다.

양사이드 손가락에 느끼는 이물감은 개인마다 차이가 크고 이 정도 두께라는 기준은 없다. 그만큼 반지를 끼는 손가락뿐만이 아니라 세 손가락에 "잘 어울리는지"가 중요하다.

116

세 번째 포인트는 미리 어느 손가락에 낄 반지인지 결정해 두는 것이다. 「그런 건 당연하잖아.」 이렇게 말하는 분도 있을 것이다. 그러나 왼손 약지 용으로 구입한 반지를 오른손 약지에 끼거나 왼손 중지로 옮겨 보는 일을 간혹 하게 된다. 기분을 바꾸기 위해서, 혹은 조금 질려서라는 이유로 다른 손가락에 껴 보는 것이겠지만 좋다고 볼 수 있는 일은 아니다.

손이 "제2의 뇌" 라면 손가락은 "제2의 얼굴" 이라고 할 정도로 같은 약 지라도 오른쪽과 왼쪽에서는 비율에 차이가 있다. 손가락 길이, 부푼 정도, 손가락 끝이 흐르는 방향, 관절의 움직임으로부터 주름모양까지, 모두 다른 표정을 하고 있다.

왼손 약지용으로 만든 반지를 오른손 약지에 끼는 것은 구두를 좌우를 바 꾸어 신는 것과 같다. 이해가 안 된다면, 지금 왼손에 끼고 있는 결혼반지를 오른손에 착용해 보자. 손가락이 받는 감각의 차이가 분명할 것이다. 「반지 를 제작할 때 가장 주의해야 할 점은 반지를 끼는 손가락과 마디사이에 어 울리는 디자인으로 할 것」 이라고 오래전 내가 일본에서 가장 우수하다고 생각하는 쥬얼리프로듀서인 Y씨가 가르쳐 주었었다.

반지는 그저 손가락에 끼는 것이라고 생각하기 쉽지만, 사실 반지가 안정 감을 찾는 곳과 가장 밀접한 부분은 손가락과 손가락사이의 마디사이 부분 이다. 각 손가락의 마디사이는 일직선이 아니고 완만한 U자를 그리고 있다. 개인차가 있다해도 약지와 새끼손가락사이의 마디사이는 옆의 중지와 약손 가락의 마디사이의 높이보다 한 단계 낮다. 중지용으로 만든 반지를 약지에 끼면 새끼손가락과의 마디 사이 각도가 안 맞는 것은 당연지사. 반지가 마 디사이에 잘 맞는지, 또한 손가락에 잘 어울리는지 이 두 가지가 최대 포인 트이다.

　목걸이 중 가장 인기 있는 제품은 진주목걸이이다. 진주 목걸이에는 레디메이드32)와 오더메이드33)에 그다지 차이가 없을 것이라고 쉽게 생각할 수 있다. 확실히 평범한 진주목걸이는 진주 크기나 광택 상태를 제외하고 특별한 특징은 없어 보인다. 그러나 거기에 남다른 차이를 만들어낼 수 있는 것이 오더메이드 쥬얼리의 장점이다.

　한 단계 보다 높은 멋을 부리려면 목걸이장식에 신경을 써야한다. 일반적으로 장식은 목 뒤쪽에 놓여지고, 머리를 풀어 내리면 숨겨져 보이지 않는다. 그래서 장식은 역할만 하면 그만인 쥬얼리의 부속품처럼 대접받아왔다. 일단 착용하면, 잘 보이지 않기 때문에 장식까지 배려하지 않는 사용자가 대부분이다.

　그러나 장식은 진주 목걸이에 있어서 가장 중요한 매력포인트이며, 소유자의 개성을 유일하게 발휘할 수 있는 부분이다. 매력 포인트란 바로 그 부분에서 그 작품의 아름다움이 흘러나오는 포인트이라고 생각하면 된다. 매력포인트에 신경 쓰지 않은 디자인이라면 목걸이 전체가 허술하게 보인다.

　국내 쥬얼리문화에 대해 앞부분에서도 말했듯이, 보이지 않는 부분에 대한 배려가 부족한 것이 이 나라의 쥬얼리문화의 빈약함을 나타내고 있다. 이것은 진주와 진주를 연결하는 부분을 봐도 나타난다. 40㎝정도로 만들어진 기성목걸이는 대부분 장식부근에 세군데 정도만 매듭을 하여 완성된다. 긴 목걸이를 세 군데에서만 지탱하기 위해서는 아무래도 매듭이 커질 수밖에 없고, 진주줄이 비뚤어지거나 어색해져 버린다. 게다가 진주와 진주 사이에 매듭이 없기 때문에 실이 느슨해지면 최악의 경우 실이 끊어져 진주가 흩어져 버릴 우려가 있다.

　그것에 대해 미국이나 유럽에서는 진주 하나하나 사이를 묶는 올넛(all

---

32) ready made [기성품]. 역자 주
33) order made [주문품]. 역자 주

knot)방식이 일반적이다. 그러나 올넛방식에도 단점이 있다. 오랫동안 사용하면 매듭이 땀이나 먼지로 더러워지고 전체적인 미관을 망가뜨릴 수 있다. 일본식, 구미식 양쪽 일장일단은 있지만 개인적으로 장식을 투박하게 연결하는 일본방식은 쥬얼리로서의 기품을 유지하기에 적합하지 않다고 생각한다.

진주목걸이를 만들 기회가 있다면, 장식을 매력포인트가 될 수 있도록 개성적인 것으로 선택하고, 가능한 강한 실로 진주를 연결하고, 매듭은 가능한 작게 하여 올넛방식으로 만들면 좋을 것이다. 오더메이드라면 평생 몸에 지닐 수 있는 당신만의 목걸이를 손에 넣을 수 있을 것이다.

결정적 포인트는 귀걸이

쥬얼리 중에서 귀걸이나 피어스 만큼 간편한 것은 없을 것이다. 길거리 양판점의 점두에는 호객용으로 천엔이하의 상품이 나란히 진열되어 있다. 이런 저가의 귀걸이를 매일 매일 바꿔 착용하는 것이 즐겁다면 그것도 하나의 즐거움이라고 인정할 수밖에 없다.

그러나 귀에 착용하는 쥬얼리는 반지나 목걸이와는 달리 얼굴의 인상에 크게 영향을 미친다. 귀걸이만큼 여성의 표정을 풍부하게 해주는 것은 없고, 반대로 궁상스럽게 보여 버리는 것도 없다. 반지나 목걸이와 비교해서 아무래도 가볍게 취급받기 쉬운 귀걸이지만 실은 멋부림의 마무리가 될 중요한 쥬얼리이다.

게다가 공식적인 장소에 참석할 때 귀걸이를 착용하지 않는 것은 마치 규정위반과도 같다. 목걸이나 브로치는 옷의 디자인에 따라 필요 없을 때도 있지만 정장을 입고 귀걸이를 착용 안하는 것은 양말 없이 구두를 신는 것과 같은 것이다.

검은색 드레스에 다이아몬드 귀걸이만 착용한 부인이 있었다. 다른 쥬얼리는 일절 착용하지 않았지만 멋스러움을 느낄 수 있었다. 귀걸이가 사람들의 시선을 모아 부인의 표정을 한층 풍부하게 빛내주었던 것이다.

이와 같이 쥬얼리는 강한 임팩트를 주기 때문에 신중하게 자신의 얼굴에 맞춰 구입해야한다. 귀 외측라인과 얼굴 뺨으로부터 턱까지의 라인에 귀걸이의 흐름을 조화시킨다. 얼굴의 인상을 밖으로 분산시키는 것이 아니라, 안쪽으로 정리하는 디자인이 안정된 표정을 연출한다.

자신만을 위한 이상적인 쥬얼리를 손에 넣기 위한 조언을 해왔지만, 신체의 일부로서 자신을 표현해주는 쥬얼리를 찾는 것은 오더메이드라고 해도 좀처럼 쉽지 않다. 결국은 자신의 머릿속에 이상적인 쥬얼리를 제대로 그리고, 유행에 흔들리지 않고 자신만의 개성을 주장할 수 있는지, 자신보다 더 당신의 매력을 알고 있는 남편이나 주위사람들에게 적절한 어드바이스를 받을 수 있는지가 중요하다.

말로하면 쉬운 것 같지만, 막상 매장에서 이띤 반지를 구입할지 망설이며 헤매는 고객을 보면, 자신에게 맞는 쥬얼리의 선택이 결코 쉽지 않은 일임을 체감한다. 처음부터 능숙하게 선택할 수 있는 사람은 몰라도 실패를 반복하는 것이 당연하다. 이것도 일종의 공부라고 생각하고 단념하지 말고 본인에게 맞는 이상적인 쥬얼리를 찾아주었으면 한다.

처음에는 그저 구경만 해도 괜찮다. 그 다음 방문할 때에는 아마도 주인이 먼저 알아보고 반가워 할 것이다. 방문횟수에 따라 점차 친분도 쌓아가고 조금 편해지면 주인이 당신의 스타일, 기호를 알아차릴 것이며 그런 가계라면 고객은 심적으로 편하게, 차분히 원하는 스타일의 상담을 받을 수 있을 것이다.

이 책을 끝내기에 즈음해서 내가 가장 존경하는 보석 디자이너, Y씨의 철학을 소개하고 싶다.

번화가에 있는 쥬얼리숍이 반드시 좋은 위치라고는 할 수 없다. 고객이 차분히 제품을 살피며, 선택하는데 있어 번화가에 위치할 필요도, 점내를 화려하게 꾸밀 필요도 없다. 프랑스의 명문 「모라비또morabito」 의 지배인은 「저희 가게는 길거리의 소음을 피해 보다 조용한 환경을 만들며, 고객들에게 편안함을 주기 위해 노력합니다.」 고 했었다.

내가 경애하는 Y씨도 역에서 꽤 멀고, 큰 길로부터 한 블록 들어간 뒷골목에서 쥬얼리숍을 운영하고 있다. Y씨가 다루는 쥬얼리는 모두 그의 오리지널 기획과 디자인으로 제작된 것이지만 그 완성도는 모두 과거 일본의 쥬얼러가 아무도 다루었던 적이 없는 영역에 발을 디딘 훌륭한 제품들이다. 수십 년간에 걸쳐 그가 제작한 수많은 쥬얼리들은 유럽 쥬얼리의 완성도를 능가하고 있다 해도 과언이 아니다.

완성된 제품에 대한 고객들의 만족도가 상당히 높음에도 그는 자만하지 않고 「내가 살아있는 한 내 작품이라고 공표하지 않을 겁니다. 그 어떤 광고도, 전시회를 개최하지도 않을 겁니다.」 라며 단지 고객을 위해 묵묵히 쥬얼리를 만들고 있다. 「나의 작은 바람이지만 내가 세상을 떠난 뒤 사람들이 나의 쥬얼리를 기억하고 그리워하는 것을 하늘 위에서 보고 싶다고 Y씨는 말한다.」

Y씨의 가게는 언뜻 보기에는 쥬얼리숍이라고 생각되지 않는다. 입구의 문을 열면 거실을 겸한 사무실이 있고 진열장 등은 어디에도 보이지 않는다. Y씨는 거실에서 손님을 대접하며 고객이 요구하는 것이 보이면 방 안쪽에 있는 방대한 재고 중에서 고객에게 어울리는 소재를 선택하여 천천히 작품의 컨셉을 의뢰인에게 설명해 간다.

물론 모두 예약제이다. 고객이 만족해 나갈 준비를 하고 있으면 Y씨는 항상 「결코 나한테 구입했다고 말하시면 안 됩니다.」 라고 다짐하고 있다. 그런데도 Y씨를 우연히 알게 되고 찾아오는 고객은 끊이지 않고 신칸센을 갈아타고 오는 단골도 있다고 한다. 무명인 것이 인생 최고의 충실이다, Y씨는 그렇게 생각하고 있다. 내 가게도 Y씨에는 미치지 못하지만 내점한 고객에게 이상의 쥬얼리를 제공할 수 있게끔 지향하고 있다.

후 기

　직업상 거리에서 지나치는 부인들이 착용하고 있는 쥬얼리에 저절로 눈이 가 버립니다. 에르메스, 구찌, 티파니등 고가브랜드로 치장하고 있는 젊은 여성, 바로크진주반지를 자연스럽게 끼고 다니는 캐리어우먼, 중년여성들도 이에 못지않게 루비가 세팅된 브로치나 1캐럿이 넘는 다이아몬드반지를 당당히 착용하게 되었습니다. 제가 이 업계에서 일을 시작한 30년 전과 비교하면, 일본여성은 훨씬 세련되어지고, 쥬얼리를 자유롭게 즐기게 되었습니다.

　그렇다고 해도, 본서에서 거듭 말해 온 것처럼, 구미와 비교해 일본의 쥬얼리문화가 궁핍한 것은 사실입니다. 역사와 문화의 차이다라고 말해 버리면 그만이지만 그 최대 이유는, 쥬얼리속에 간직된 파워를 경시하고 있기 때문이라고 생각되어 참을 수 없습니다. 파워라고 해도, 일부에서 유행하는 수상한 스톤파워를 말하는 것이 아니라, 쥬얼리가 소유자와 공명해 낳는 힘입니다. 이 파워는 쥬얼리를 착용한 당신을 아름답게 빛내주기도 하지만 반대로 당신의 평가를 낮추기도 하고, 조금 잘못하면 우습게 보이기도 합니다.

　오랜 세월 , 쥬얼리업에 종사해온 사람으로서 솔직하게 말하면, 「쥬얼리만큼 무서운 것은 없다」 라고 할 수 있을까요.

　무섭다고 해도, 가지고 있는 사람이 불행한 운명을 거친다든가, "저주받은 보석"이 있다는 의미가 아닙니다. 그저 작은 쥬얼리에서도 선택법, 몸에 걸치는 법에 의해 「멋진 사람이구나.」 라는 인상을 줄지 「얼마나 취미가 나쁘니」 라고 비웃어지든지, 그 사람의 평가를 크게 바꾸는 존재가 되는 이른바 양날의 검이 될 수도 있다고 하고 싶습니다.

당신만을 빛내주는 쥬얼리가 양판점에서 대량으로 팔리고 있다고 생각합니까? TV홈쇼핑에서 팔리는 초염가 상품이 당신이 정말로 원하는 쥬얼리입니까? 다른 사람이 가지고 있다 해서 구입한 진주목걸이에 애착을 가질 수 있습니까?

책속에서, 당신의 파워를 충분히 발휘할 수 없는 쥬얼리에 대해 몇 차례 들었기 때문에 대답은 이미 드렸다고 생각합니다.

또, 「나에게 쥬얼리 따위는 어울리지 않아, 쥬얼리 따위는 나와 상관없는 것」이라고 경원해 버리는 것은 아까운 일입니다. 당신의 신체의 일부로서, 개성을 주장해 주는 쥬얼리는 반드시 있습니다.

손마디가 굵고 주름투성이의 손가락이어도 어울리는 반지는 존재합니다. 그런 쥬얼리를 당신 자신이 이미지화해서 만들어 내는 것에 쥬얼리의 즐거움이 있다고 해도 과언이 아닙니다. 이 만큼 가치가 다양화하고 있는 시대에, 어째서 판에 박힌 듯한 쥬얼리로 참고 있는 것일까요.

우선, 당신이 갖고 싶은 쥬얼리를 이미지화하고, 그것을 실물로 만들어주는 쥬얼리숍의 문을 두드리는 것입니다.

될 수 있으면 남성파트너를 동반하고, 어드바이스를 요구해 받으세요. 예산은 10만엔도 있으면 충분합니다. 그리고 당신만의 쥬얼리에 훌륭한 스토리를 새겨 가는 것입니다. 좋은 추억 위에 한층 더 잊기 어려운 추억을 거듭해 가면, 쥬얼리가 당신의 인생을 말하기 시작할 것입니다.

옆의 남자분도 스토리 만들기에 협력해 주시길 바랍니다. 그것이 남성에게도 훌륭한 스토리가 될지 모릅니다.

마지막으로, 여러분이 쥬얼리가 가지는 불가사의한 힘을 체험하길 바라 마지않습니다.

2006년 12월 저자